FUNDAMENTOS DEL TANTRA

Una Montaña de Bendiciones

Lama Tsongkhapa
Con un comentario de Pabongka Rimpoché

Traducido al inglés por
Khen Rimpoché Gueshe Losang Tharchin y Michael Roach

Traducido y adaptado al castellano por
Isidro Gordi y Marta Moll

Ediciones Amara

Publicado por vez primera en 1998
por Ediciones Amara
2ª Edición: Noviembre de 2005

Traducción y adaptación: © 1998 Isidro Gordi y Marta Moll
Diseño de la portada: © Federica Mahieu
Maquetación: FEHERO ©

ISBN de la obra: 978-84-95094-16-2
Depósito Legal: B 47.890-2005

Contenido

Los autores

TSONGKHAPA (1357–1419), también conocido como Je Rimpoché Losang Drakpa, fue probablemente el comentador más excelso de los 2.500 años de historia del budismo. Nació en el distrito de Tsongkha, en el este del Tíbet, y tomó sus primeros votos a una edad temprana. De joven ya dominaba muchas de las enseñanzas del budismo y fue enviado por sus tutores a las grandes universidades monásticas del Tíbet central. Allí estudió bajo la dirección de los eruditos más destacados de aquellos días; se dice también que gozaba de visiones místicas en las que se encontraba y aprendía directamente de las diferentes formas del mismo Buda.

Los dieciocho volúmenes de los trabajos reunidos de Tsongkhapa contienen comentarios elocuentes e incisivos sobre la práctica totalidad de los clásicos principales del antiguo budismo, así como sus célebres tratados sobre las "etapas del sendero a la Budeidad". Sus estudiantes, entre ellos el primer Dalai Lama del Tíbet, aportaron cientos de tratados propios acerca de la filosofía y práctica del budismo.

Tsongkhapa fundó los Tres Grandes monasterios del Tíbet, donde miles de monjes han estudiado las escrituras budistas a lo largo de los siglos. También instituyó el gran festival del Monlam, un período de estudio y celebraciones religiosas en todo el Tíbet. Tsongkhapa falleció a los 62 años, en su monasterio y hogar de Ganden, en Lhasa, capital del Tíbet.

PABONGKA RIMPOCHÉ (1878-1941), también conocido como Jampa Tenzin Trinley Gyatso, nació en una importante familia en el estado de Tsang, al norte del Tíbet central. De niño entró en la Casa Gyalrong de Sera Me, uno de los colegios adjuntos a la gran Universidad Monástica de Sera y consiguió el rango de *gueshe*, o experto en filosofía budista. Sus poderosas enseñanzas públicas pronto le convirtieron en la más destacada figura espiritual de sus días y la colección de sus trabajos reunidos sobre todas las vertientes del pensamiento y práctica budista comprenden unos 15 volúmenes. Su estudiante más famoso fue Kyabje Trijang Rimpoché (1901-1981), tutor junior del presente Dalai Lama. Pabongka Rimpoché falleció a la edad de 63 años en el distrito de Hloka, en el sur del Tíbet.

Los traductores al inglés

KHEN RIMPOCHÉ, GUESHE LOSANG THARCHIN (1921–2004) Nació en Lhasa y también entró de niño en la Casa Gyalrong de Sera Me. Se formó bajo la tutela de Pabongka Rimpoché y Trijang Rimpoché y después de un riguroso curso que duró 25 años de estudio de clásicos budistas se le concedió el más elevado grado de *gueshe*. Se graduó en el Colegio Tántrico de Lhasa en 1958 donde fue también administrador.

Desde 1959 Khen Rimpoché ha enseñado filosofía budista en Asia y los Estados Unidos, y en 1957 completó sus estudios de inglés en la Universidad de Georgetown. Durante veinte años ha sido abad de Rashi Gempil Ling, un templo Mongol Kalmuck en New Jersey. También es fundador de los centros Mahayana de Sutra y Tantra, de New Jersey y Washington D. C, y autor de numerosas traducciones de importantes textos budistas.

En 1977 Khen Rimpoché dirigió el desarrollo del primer procesador de textos tibetano y actualmente es el editor principal del Assian Classics Input Project (ACIP), un esfuerzo internacional para preservar la literatura más valiosa de Asia en forma digital. Ha jugado también un importante papel en el restablecimiento del Colegio Monástico de Sera Me, uno de los mayores monasterios budistas del mundo donde ostenta el cargo de Abad emeritus y director vitalicio.

MICHAEL PHILIP ROACH (1952–) recibió el President Scholar Medallion de Richard Nixon en la Casa Blanca en 1970, se graduó con grandes honores en la Universidad de Princeton en 1975. Estudió en la biblioteca del Gobierno del Tíbet bajo los auspicios de la Woodrow Wilson School of International

Affairs y luego durante quince años bajo la guía de Gueshe Tharchin en Rashi Gempil Ling, obteniendo también el grado de Rikchung en la Universidad Monástica de Sera Me. Trabaja en la industria del diamante en New York. Ha trabajado muy activamente en la restauración de Sera Me, donde se ordenó monje en 1983. Mr Roach es actualmente director de ACIP y del *Institut of Assian Classics,* una escuela de adiestramiento para traductores y maestros localizada en Manhatan.

Traductor al castellano

Isidro Gordi (1954–) Estudioso del budismo tibetano desde 1979 y, más intensamente desde 1987, bajo la guía directa de Gueshe Tamding Gyatso, de quien es traductor. Es el responsable de que las enseñanzas de este gran gueshe se conviertan en libros. Desde 1980 impulsa *Ediciones Amara,* editorial dedicada exclusivamente a la publicación de joyas del pensamiento del budismo tibetano. Es autor de *El Arte de Meditar* y de la primera traducción al castellano del *Bodhisatvacaryavatara,* según enseñanzas de su Maestro. En la actualidad, además de seguir sus estudios con Gueshe Tamding Gyatso, sigue el Programa de Adiestramiento de Maestro y Traductor del *Institute of Assian Classics* de Nueva York, auspiciado por Khen Rimpoché Gueshe Losang Tharchin y dirigido por Gueshe Michael Roach. Todas sus traducciones y adaptaciones al castellano han contado con la colaboración de su esposa, Marta Moll.

Prefacio

Antes de empezar a leer este pequeño libro establece en tu corazón y en tu mente una motivación apropiada. Piensa así:

> Quiero alcanzar la Iluminación tan pronto como sea posible
>
> Quiero hacerlo en esta misma vida. Y cuando lo consiga liberaré a cada ser consciente del dolor de la existencia de sufrimiento en la que todos vivimos ahora.
>
> Después llevaré a todos estos seres hasta el nivel de un Buda, el estado último de felicidad.
>
> Esto es lo que me mueve a leer este libro que muestra todas las etapas a la Iluminación.

Tómate un momento antes de continuar. Asegúrate de que tienes dicha motivación.

Este pequeño libro cubre absolutamente todo lo que el Buda enseñó. En Tíbet tenemos cien grandes volúmenes de enseñanzas procedentes del Buda, traducidas del sánscrito, el idioma de la antigua India. Y este pequeño libro las abarca todas.

Todos los grandes textos antiguos del budismo promueven un único y principal deseo que no es otro que mostrarnos cómo alcanzar el estado de la Iluminación perfecta. Explican todo lo que tenemos que hacer: cómo alcanzar el objetivo, cómo practicar y cómo aprender. Nos enseñan cómo empezar y nos enseñan cómo terminar. Todo lo que necesitamos está en esos textos.

Hace quinientos años en Tíbet apareció un experto monje y maestro, cuyo nombre era Tsongkhapa, el Grande. Cogió los antiguos textos y los dispuso en una especie de libro conocido como *Lam Rim*, que significa "Etapas del sendero a la Iluminación". Dispuso todas las etapas por las que cualquiera de nosotros puede pasar, una tras otra, en el orden adecuado, si lo que desea realmente es alcanzar la Iluminación. Tuvo mucho cuidado de presentar las etapas de manera clara y simple, pero abarcando al mismo tiempo cubrir todo lo que se debe hacer a medida que uno entra en el sendero y viaja por él hasta llegar a su fin.

El pequeño libro presente se denomina la *Fuente de Toda mi Excelencia.* Es la completa esencia de todos los *Lam Rim,* de todos los libros sobre las Etapas a la Iluminación. Fue escrito por Tsongkhapa mismo y su título se extrae de las líneas de apertura, las que dicen: "La fuente de toda mi excelencia es mi amable Lama, mi Señor".

En las enseñanzas sobre las Etapas, este trabajo también es conocido con otro nombre, algo así como un nombre secreto, *Suplicar una Montaña de Bendiciones.* La palabra "bendición" aquí se refiere a las bendiciones de todos los budas del universo. "Montaña", viene de una palabra tibetana que significa gran montón, una gran multitud de cosas juntas en un solo lugar. La palabra "Suplicar", da a entender cuánto necesitamos y deseamos estas bendiciones.

Recitar este trabajo en voz alta es como suplicar a los budas que nos bendigan, que nos ayuden a obtener todo lo que nos hace falta desde el principio hasta la Iluminación final. Les suplicamos que nos ayuden a alcanzar los diferentes senderos, los diferentes niveles de conocimiento. Les pedimos el poder de sus bendiciones, les rogamos su intercesión.

Pero ¿a quién pedimos ayuda? Normalmente cuando efectuamos la secreta Ceremonia del Décimo, empezamos con la Práctica de los Seis, seguida por la de los Mil Ángeles. Y justo después, empezamos la recitación de la *Fuente de Toda mi Excelencia,* por lo que aún tenemos delante de nosotros a los mismos seres santos que imaginábamos en la práctica de los Mil Ángeles.

En el espacio justo frente a nosotros, se encuentra sentado Tsongkhapa. En su corazón, Voz Gentil o Manjushri, que es la imagen de la sabiduría de todos los Budas. En el corazón de Voz Gentil, otro ser santo, Vajradhara, el Guardián del Diamante, o Buda de las enseñanzas secretas. Su cuerpo es azul y, a su vez, lleva en su corazón la letra sánscrita *hung*, adornada con la letra *mam*.

A la derecha de Tsongkhapa tenemos a su discípulo, Gyaltsab Je, cuyo nombre completo es Gyaltsab Dharma Rinchen. Lleva en su corazón a Ojos Amorosos, cuyo nombre sánscrito es Avalokiteshvara y es la personificación del amor de los budas. En el corazón de Ojos Amorosos tenemos de nuevo al Guardián del Diamante y en el corazón de éste la letra *hung* adornada con *mam*.

En el otro lado, a la izquierda de Tsongkhapa, se halla su discípulo Kedrup Je, cuyo nombre completo es Kedrup Je Gelek Pelsang. En su corazón está el Sustentante del Diamante o Vajrapani, y en el de este último, el Guardián del Diamante. En el corazón del Guardián tenemos la letra *hung* adornada con *mam*.

Todos estos seres están sentados en el espacio en frente de ti, y es a ellos a los que suplicas bendiciones. Son a ellos a los que pides ayuda para que te concedan todo tipo de conocimiento, desde el principio hasta la Iluminación final.

Ahora deseo que pienses en algo. ¿Cuál es la diferencia entre un buda y nosotros? ¿Qué hace a los budas diferentes de nosotros? ¿Y de ti en particular? Tu intentas alcanzar la Budeidad, pero ¿cuál es la diferencia entre estos budas y tú? Analiza esta cuestión y su respuesta vendrá a ti.

¿Qué son los budas? En primer lugar, los sitios en los que viven son paraísos. Paraísos puros. Los paraísos donde viven los budas son totalmente puros, puros por naturaleza, de manera que no existe ni una sola cosa impura en ellos.

Los budas son también puros. No tienen obstáculos internos, ni actividad negativa almacenada, ningún problema. No sufren las tribulaciones causadas por cualquiera de los cuatro elementos del mundo físico a su alrededor, ni los de su interior. No tienen enfermedades, no envejecen, ni mueren. En el lugar donde viven ni tan siquiera tienen palabras para referirse a estas cosas. Y por esto sus paraísos reciben nombres como "El Cielo del Gozo", porque disfrutan la felicidad más elevada.

Si pensamos en nuestras vidas podemos ver la gran diferencia entre los budas y nosotros. En un sentido somos muy afortunados. Tenemos la gran suerte de haber nacido como humanos y podemos disfrutar de esa pequeña dosis de felicidad que los seres humanos de vez en cuando experimentan. Por este motivo, a veces pensamos que somos felices.

Pero, aun así, tenemos problemas, muchos. Tenemos problemas a nuestro alrededor y tenemos problemas en nuestro interior. Tenemos problemas provocados por el tipo de vida que llevamos. Los budas no sufren ninguno de estos inconvenientes.

Intenta pensar en la diferencia que hay entre los budas y tú. ¿Por qué elegiste este libro, por qué deseas leerlo? La razón principal es alcanzar la Iluminación, alcanzar el estado de felicidad más elevado. Y para llegar allí has de escapar de todos los sufrimientos que surgen en la presente forma de vida.

Para conseguirlo vas a tener que seguir algún tipo de práctica. Vas a tener que ascender por ciertos niveles, senderos, uno tras otro a través de muchas Etapas diferentes. Consigues llegar a cada Etapa superior gracias a tu práctica. Y para poder practicar has de saber qué practicar. Si no aprendes lo que has de hacer, nunca podrás llevarlo a cabo.

Con este pequeño libro aprenderás qué hacer, pero es sólo un preparativo para algo más.

Hablando en general, este libro es todo lo que necesitas. Si todo lo que aprendes lo practicas, alcanzarás la Iluminación. Pero te llevará mucho tiempo si te limitas a este sendero, al sendero de las enseñanzas públicas del Buda. Tardarás mucho, mucho tiempo.

Sin embargo, tu deseas la Iluminación, la necesitas y la necesitas ahora. ¿Por qué? Porque el motivo que te lleva a leer este libro, que te lleva a estudiar y perseguir tus objetivos es ayudar a todo ser consciente. Todos ellos han sido tu madre y la razón de todo tu esfuerzo es poder ayudarlos.

Ahora, en este momento, sufren debido a la vida que todos vivimos. La mayoría de ellos sufren en los tres tipos de nacimiento inferiores. Incluso los que viven en alguno de los reinos más elevados de nacimiento, sufren también. Por la naturaleza misma de las cosas padecen algún tipo de dolor, constantemente. Tu deseo es liberarlos de este dolor, ayudarles a alcanzar la Iluminación que significa felicidad absoluta. Por esto estudias, por esto haces las prácticas.

Pero, si solo usas el camino de las enseñanzas públicas, te costará mucho tiempo alcanzar tu objetivo. Y tú deseas conseguir el logro ahora, deseas alcanzarlo rápidamente porque todos los seres conscientes que te rodean, todos los que han sido tu madre en alguna vida pasada, sufren en estos tipos de existencia. No puedes soportar que su dolor continúe, no puedes permitir que sigan sufriendo por más tiempo.

Por esto les liberarás, y lo harás rápidamente, ahora mismo. Aunque, ¿hay alguna manera de conseguirlo tan deprisa? La respuesta es que sí, hay una manera, un método que funciona más deprisa que cualquier otro, un sendero muy profundo, poderoso y santo. Este es el sendero tántrico, el sendero secreto de la Reina del Diamante: Vajrayoguini.

Para practicar este sendero debes tomar una iniciación y luego debes recibir las enseñanzas correspondientes a la misma. Pero primero necesitas otra iniciación que te capacitará para estudiar y seguir este sendero. Existen cuatro grandes grupos de enseñanzas secretas y la cualificación que te hace falta para practicar el sendero de este Ángel o deidad tutelar, es que se te conceda una iniciación que pertenezca al grupo denominado "insuperable". Este es el motivo de que lo más importante sea buscar primero una iniciación del grupo "insuperable".

Según la tradición de la Reina del Diamante, la iniciación previa que mejor te prepara para su iniciación y sendero es la que denominamos la Unión de las Esferas o Chakrasamvara. Hay otras iniciaciones del grupo insuperable que también puedes tomar si no encuentras esta; por ejemplo, la iniciación del ser conocido como Aterrador o Bhairawa, más breve y más fácil que la Unión de las Esferas pero que también te cualifica para tomar la iniciación de Vajrayoguini.

Hay otro paso que deberíamos dar antes de buscar la iniciación. Cuando vas al instituto, piensas en graduarte, pero para obtener tu título de graduación, primero has de conseguir entrar en el instituto, después ir a clase todos los días, estudiar las materias y transcurridos varios cursos ves conseguido tu deseo inicial. Pero para poder estudiar y aprender has tenido que ganarte acceso al instituto.

En este caso es lo mismo, lo primero que has de hacer es conseguir la entrada al grupo insuperable de las enseñanzas secretas del Buda. Para entrar en estas enseñanzas tienes que pasar por la entrada y ésta es la iniciación. La iniciación es la puerta.

Pero, cuando tomas iniciaciones, te comprometes con un número de votos. Mantenerlos es como cursar tus estudios basándote en la constancia, una vez te han permitido entrar en el instituto. En la escuela necesitas saber qué estudiar y tener un horario regular de estudio. En las enseñanzas secretas, los votos que tomaste al recibir la iniciación son los que debes estudiar: son los que debes mantener con regularidad, diariamente.

Para mantener estos votos, necesitas conocerlos. Por ello es esencial que, después de tu primera iniciación, estudies detalladamente los votos secretos, junto con los regulares de moralidad y los del bodhisatva. La función de estos votos, el resultado de seguirlos es muy simple: *si los mantienes producen la Iluminación en ti.*

Pero, aparte de esta función principal, mantener los votos produce otro efecto. A corto plazo, es decir, mientras aún estás en el sendero, desde el mismo comienzo hasta el día en que alcanzas la finalidad última, te ayudan, te mantienen, te preservan. Te vuelven más y más dulce, más y más puro cada día que los mantienes. Todo en ti mejora: la manera en que actúas, la manera en que piensas, eres mejor y mejor, día tras día, mes tras mes.

Los votos pues son tu compañero querido, tu amigo asistente. Los votos no son un castigo, el Lama no viene al lugar secreto de la iniciación y te dice: "Bien, ahora que tienes la iniciación, aquí tienes unos votos que mantener como castigo". Debes entender lo beneficiosos que son para ti y aprender cuáles son.

Una vez los has aprendido debes mantenerlos como tu práctica diaria. Has de llegar al punto en el que, cuando miras atrás, ves el progreso y puedes decir: "Hace unos años solía actuar así, tenía un cierto tipo de actitud, cierta manera de comportarme, las limitaciones de mi conocimiento y capacidad eran tales o cuales. Ahora todo ha cambiado para mejor. Incluso en los últimos dos años he cambiado; no, incluso desde el año pasado he cambiado". Deberías poder verlo por ti mismo, tú mismo deberías poder juzgar si mantienes o no tus votos y cómo, al hacerlo, cambia todo a tu alrededor.

Por tanto, trabajamos principalmente para un día poder recibir la iniciación de la práctica de Vajrayoguini, la cual nos dará acceso a recibir sus enseñanzas y luego practicarlas. En primer lugar, buscaremos, como ya se ha dicho, alguna de las iniciaciones preliminares a las enseñanzas secretas del grupo insuperable, el grupo más elevado de enseñanzas secretas.

La persona que desea recibir una iniciación de este grupo tan elevado debería, él mismo, ser también elevado en el sentido de estar plenamente cualificado para recibir la iniciación. Para convertirse en alguien plenamente cualificado para recibir la iniciación, debes seguir las etapas adecuadas, ciertos pasos, uno tras otro.

Antes os pedía que pensarais en lo que hacía diferentes a los budas de nosotros. Al principio, todos los seres que ahora son budas eran iguales a nosotros. Vivían el mismo tipo de vida de sufrimiento en la que pasamos nuestros días y lo hicieron durante millones y millones de años, durante muchas vidas.

No obstante, en algún momento, estos seres alcanzaron una vida excelente como humanos, el mismo tipo de vida que ahora tienes tú. En aquella vida humana también encontraron un excelente maestro espiritual. Este les dio el adiestramiento apropiado, las iniciaciones necesarias y como resultado empezaron a mejorar y mejorar. Finalmente llegaron a la Iluminación, al detenerse todos los problemas, dentro y fuera de ellos. Si pudieron practicar y conseguir estos propósitos ¿por qué no podrás tu hacer lo mismo? ¿Por qué no?

Es posible, pues, convertirse en alguien altamente cualificado y tomar una de las iniciaciones del grupo insuperable de las enseñanzas secretas. Para tomar esta iniciación, para ser un practicante altamente cualificado en este sentido, debes ser un practicante del así llamado, mahayana: el Sendero Mayor. Lo es porque todas las enseñanzas secretas pertenecen también al sendero mayor; son de hecho las prácticas y enseñanzas más elevadas del sendero mayor. Tu entonces tendrás que ser un practicante insuperable del sendero mayor. Pero ¿cómo llegar a este punto?

Preparándote con lo que denominamos práctica "compartida". La palabra "compartida" significa que esta práctica preliminar es común tanto al camino de las enseñanzas públicas, al sendero mayor, como al sendero de las enseñanzas secretas, se halla en los tres. Es una práctica que los tres caminos comparten.

Imagina que planeas construir un edificio muy alto, con muchos pisos. Lo más importante, al principio, es construir un buen fundamento. Si es fuerte, podrás construir tantos pisos como desees.

El librito que tienes en tus manos, *Suplicar una Montaña de Bendiciones*, completado con el comentario del gran Pabongka Rimpoché, te ofrece este fundamento. Te muestra la práctica compartida en los tres caminos y que te prepara para recibir la iniciación de las enseñanzas secretas. Este es el sólido fundamento sobre el que construirás tu espléndida y elevada casa.

Piensa en ello y sé feliz. Deléitate con lo que vas a hacer. Comprende la oportunidad tan preciosa que tienes en tus manos en este mismo instante, en este gran momento. Lee, aprende y no olvides. Intenta recordar lo aprendido en este librito y luego ponlo en práctica en tu vida cotidiana, de manera regular.

Cuando termines de leerlo, has de ser una persona diferente. La persona que ha escogido leer este libro, debería ser totalmente diferente por dentro cuando lo cierra después de leer hasta la última página. Debes cambiar: debes cambiar tu forma de pensar, tu relación con lo que sabes, tu manera de actuar cada día, en todo. Inténtalo. Si lo consigues, habrás logrado el fruto que encierra haber leído este libro, haberlo elegido y haber entrado en lo que este libro representa

Khen Rimpoché. Gueshe Losang Tharchin
Abad Emeritus, Sera Me Monasterio tibetano
Abad, Rashi Gempil Ling, Templo budista Kalmuk
Freewood Acres, Howell, New Jersey, USA.
Día de Tsongkhapa. Diciembre 27, 1994

Nota de la traducción al inglés

Encontrar un equilibrio a la hora de traducir entre las necesidades del lector medio y las del especialista más experimentado, es siempre difícil. Para esta traducción hemos observado las siguientes normas.

Hemos intentado no dejar en el texto palabras extranjeras que podrían ser de una dificultad inmensa al lector medio de habla inglesa. Los nombres propios en los que las palabras que lo configuran se considera que tiene un significado simbólico, han sido traducidos en beneficio del lector medio, pues, en caso contrario se perdería dicho simbolismo. Puesto que estos nombres traducidos no le serán familiares al especialista, al final del libro se encuentra una lista con los nombres ingleses y sus equivalentes en sánscrito y tibetano.

Con ciertas dudas hemos elegido usar un numero de términos espirituales ingleses que se acercan en cuanto a su significado, para traducir palabras de los idiomas originales asiáticos para los que no existe una palabra inglesa exacta. De nuevo, lo hicimos para evitar usar palabras extranjeras no familiares al lector medio. Nos gustaría anotar algunas de estas palabras aquí.

La palabra "ángel" se usa como traducción de la palabra tibetana *lha* o *mkha-gro*. El lector debería ser consciente, no obstante, que la idea no es la de un mensajero de Dios sino de una forma especializada que adopta un ser iluminado para llevar a cabo ciertos trabajos sagrados, como un contacto espiritual personal con humanos normales. Las palabras "cielo" y "paraíso" se usan en lugar de la palabra tibetana *dag-zhin* y expresiones similares. Estos no se refieren a un lugar perfecto en algún lugar del espacio adónde van los buenos después de su muerte, sino a un estado de perfección espiritual alcanzable en cualquier momento de la vida de una persona y en la que tanto el ser como el lugar donde vive son gozo total, libres de todo sufrimiento. Otros términos similares podrán ser entendidos por su contexto.

Otros nombres personales, palabras para plantas u otros objetos que no tienen equivalente común en inglés se han dejado con su pronunciación aproximada al sonido original. De nuevo la intención ha sido ayudar al lector ordinario.

Durante el curso de sus enseñanzas, Pabongka Rimpoché cita un gran número de fuentes profundas. Hemos localizado prácticamente todas estas referencias y los especialistas –en recompensa por su paciencia en cuanto a las demás simplificaciones– encontrarán en las notas, datos bibliográficos que les permitirán hallar y disfrutar de la lectura de las diversas fuentes en el idioma original, tal y como vienen dispuestas en las bibliotecas suscritas al Programa SFCP de la Librería del Congreso de los Estados Unidos y también en los materiales en CD Room del Proyecto Input de Clásicos de Asia. Apreciaríamos enormemente la información que cualquier lector pueda proporcionarnos de aquellas fuentes señaladas con "No encontrada"

Finalmente, agradecer enormemente a la señorita Barbara Taylor, sus esfuerzos en preparar este texto para su publicación.

Nota del traductor al castellano

Es una gran fortuna para los lectores de habla castellana tener acceso a *Fundamentos del Tantra.* La razón es simple: es uno de los textos que utilizan los gueshes contemporáneos para impartir sus enseñanzas y que los Venerables, Khen Rimpoché Losang Tharchin y Michael Roach, han traducido directamente del tibetano en su loable labor de recuperar textos clásicos de la tradición.

La finalidad de *Ediciones Amara* no es otra que la de producir textos de Dharma cualificados y que resulten de interés para los lectores y estudiosos. El que tienes en tus manos, inaugura nuestra colección "Clásicos del Tíbet" que se nutrirá de libros similares a este.

Deseo agradecer la confianza que el venerable Gueshe Michael Roach ha depositado en mí para llevar a cabo este trabajo. Ojalá esta colaboración sea duradera y, sobre todo, beneficiosa para los lectores de lengua castellana.

Un agradecimiento especial a Marta Moll y a Shanti Gordi por su cooperación en la preparación del libro.

Isidro Gordi
Son Gall
Ciutadella de Menorca
Junio de 1998

Fundamentos del tantra: Una montaña de bendiciones

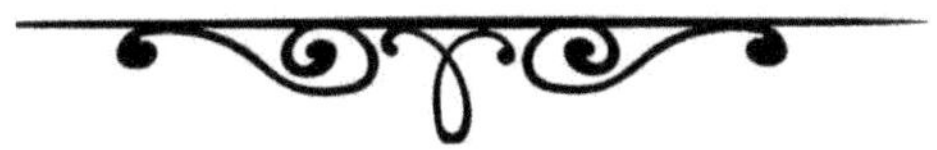

Este es el libro denominado *Abre tus ojos a lo que has de adoptar y lo que has de abandonar*[1]. Es una breve serie de notas tomadas en una enseñanza desarrollada por el Señor del Mundo Secreto, Vajradhara, el Guardián del Diamante, el Bueno y Glorioso Pabongka[2]. La enseñanza consistió en una profunda explicación del texto conocido como la *Fuente de Toda mi Excelencia*[3], trabajo que es la esencia destilada de las *Etapas del sendero a la Budeidad*

> Con profunda reverencia, expresada a través de las tres puertas,[4] me postro a los pies de loto de quien es la Esencia del Gran Gozo, el Venerado, el Santo Lama, Losang el Grande, Señor de todos los budas y el Guardián del Diamante[5]

Cómo se impartió esta enseñanza

Aquí tan sólo haré una breve recopilación de una maravillosa enseñanza que nos impartió el Señor del Mundo Secreto, el Salvador de Sus Seguidores y Guardián del Diamante: Pabongka Rimpoché, cuya amabilidad no conoce parangón.

Su enseñanza fue una profunda clarificación de la única vía que ha sido utilizada por cada uno de los Victoriosos del pasado, presente y futuro para alcanzar el objetivo más elevado: *las Etapas del sendero a la Budeidad*, su esencia más destilada, el néctar interno de las instrucciones impartidas por nuestro padre, el Noble, el Buda mismo que ha regresado y el elixir último, extraído del discurso más elevado, la Palabra de los iluminados: es decir, el trabajo conocido como *La Fuente de toda mi Excelencia* y también denominado *Suplicar una Montaña de Bendiciones*[6].

Cuando empezó la enseñanza, el Noble mismo nos dirigió en la recitación de la *Esencia de la Sabiduría* y en la oración de Simhamukhi –el Ángel con rostro de León–, desde la parte en la que deberíamos apartarnos de toda la malignidad que podría interrumpir la enseñanza, hasta llegar a las palabras "que la bondad prevalezca", en la forma que normalmente lo hacíamos.

Luego, por turnos, seguíamos en esta dirección pronunciando al unísono los distintos versos que incluyen las palabras: "Virtudes finalmente perfeccionadas" y "El Amoroso Avalokiteshvara con Asanga" y "Voz Gentil, Manjushri, quien destruyó los extremos de ser o no ser", "El de la gran compasión" y "Enseñar lo que aprender a alcanzar" y "Fundador de la Tierra de las Nieves", "Los tres lugares de refugio en uno" y "las constelaciones de las palabras más elevadas" y "durante todas mis vidas".

La dirección corrió luego a cargo del maestro cantor, que nos guió en los ofrecimientos del mandala, empezando con "la gran Tierra, impregnada con el olor a incienso", hasta "Encima de un trono de león en el espacio ante mí", y también diciendo "Esponjas en el cielo, hechas del conocimiento y del amor más excelentes", junto con las líneas que empiezan con *idam guru.*

El Guardián del Diamante volvió a tomar la dirección que nos llevó tres veces a la oración para tomar refugio y desarrollar el deseo de conseguir la Iluminación, que incluye las palabras "Al Buda, Dharma y Sangha". Aquí, finalmente, el Noble mismo pronunció los versos que contienen las líneas "Seres de placer y los que estáis cerca", junto con "En el idioma de los seres de placer" y el resto[7]

Preliminares

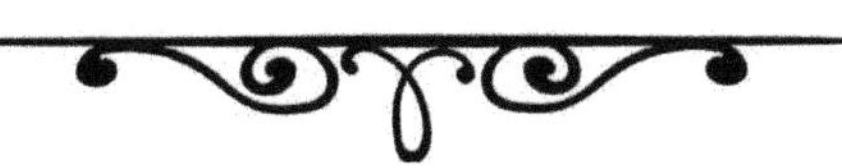

I
¿Por qué las etapas?

"Y ASÍ DAMOS COMIENZO", dijo el Lama.

PERMITIDME RECORDAROS AQUELLAS LÍNEAS del Rey del Dharma en los tres reinos –el Gran Tsongkhapa–, las que mencionan "Esta vida de ocio espiritual, más preciosa que una joya capaz de darte todo lo que deseas."[8] El estribillo a lo largo de estos versos aconseja así: "Los que deseáis la libertad deberíais procurar dominar este hecho, tal y como yo lo he hecho". Vosotros y yo hemos vivido en este círculo de vida de sufrimiento desde siempre, y no existe ni una forma de existencia en ninguno de los seis reinos de dolor que no hayamos experimentado.

Durante estas vidas hemos sufrido y también disfrutado un breve placer ocasional, vagando sin objetivo alguno desde el elevado nivel denominado "La Cima de la Existencia", para descender después al peor de los infiernos "Tormento sin Respiro", una y otra vez, de un lugar a otro. Aunque hemos vivido así desde tiempos sin principio, nunca hemos extraído beneficio de ello; el tiempo se ha agotado de una manera inútil, absurda y hueca. Por este motivo todavía estamos aquí, circulando arriba y abajo por los tres reinos de la rueda de la vida y con seguridad tendremos que seguir así en el futuro.

Gracias a la buena fortuna, en algún momento en días pretéritos, vosotros y yo estuvimos unos breves instantes bajo el cuidado de un Lama o de las Tres Joyas, y de esa manera reunimos un karma puro y poderoso. He de admitir que la fuerza de dicho karma nos ha permitido obtener, sólo por esta vez, la vida presente de que gozamos, llena de ocio y dones, libre de los problemas que causa la carencia de condiciones favorables para seguir una práctica espiritual adecuada.

Admitiré también que todo lo necesario ha sido propiciado para nosotros en esta ocasión: tenemos un Lama y un poco de Dharma para practicar, gozamos de las condiciones necesarias. En consecuencia, ahora tenemos en nuestras manos la posibilidad de seguir el sendero espiritual. No obstante, supongamos que fracasamos y no somos capaces de conseguir el objetivo último de las infinitas vidas que hemos vivido. Sin duda alguna caeremos de nuevo en nacimientos donde no habrá ocasión de hallar el Dharma. Y cuando caigamos en un nacimiento sin Dharma, no importa dónde sea, en nuestra vida no habrá más que dolor.

La manera de evitar un nacimiento donde no tengamos ocasión de seguir el Dharma, es practicarlo con pureza ahora. Definitivamente, no hay una manera mejor. Y nuestra práctica debe empezar este mismo instante. Morirás, has de morir, tu muerte es segura, pero no tienes ni idea de cuándo sucederá y, ¿qué vas a hacer entonces? Todo lo que hagamos ahora nos señala el lugar al que iremos después. Si hacemos el bien, iremos hacia uno de los nacimientos mejores; si obramos con maldad, caeremos en un nacimiento miserable. Por lo tanto, suponiendo que fracasamos en la práctica, que morimos en la mitad de nuestra maligna forma de vida actual. Sólo mereceremos ir directamente al lugar que pertenecemos: a estos mismos nacimientos miserables.

Debemos buscar cuanto antes protección en las Tres Joyas, para evitar nacer en los reinos inferiores. Además, debemos revelar y admitir las cosas que hemos hecho mal previamente y refrenarnos de reincidir en el futuro. Para conseguirlo hemos de hacer un uso intenso y sincero de las cuatro fuerzas[9] que se oponen al poder de la maldad. Es también muy necesario esforzarnos en adoptar incluso la menor de todas las virtudes y evitar el menor daño a los demás.

Si además seguimos con perfección el sendero de los tres adiestramientos extraordinarios,[10] entonces conseguiremos liberarnos de todos los temores del círculo doloroso de la vida.

Pero escapar solo tú de este círculo no es suficiente, recordemos las palabras del Maestro Chandragomin:

> Incluso una vaca sabe cómo cuidarse, come unos pastos de hierba con los que fácilmente se topa.
>
> Si la sed la atormenta, la bestia, feliz, puede incluso beber el agua del estanque que encuentra a su paso.
>
> Pero piensa ahora en lo que significa poner todo tu corazón en cuidar de los demás;
>
> Esto es gloria, esto es un jardín de placer, esto es lo más elevado.
>
> El Sol asciende montado en su carroza fantástica, cruza volando por el cielo, e ilumina al mundo entero.
>
> La Tierra eleva sus brazos poderosos, soporta la carga, sostiene a toda la humanidad.
>
> Así es cómo actúan los grandes seres que no desean nada para ellos mismos.
>
> Consagran sus vidas a una única melodía: El bienestar y la felicidad de todo ser consciente[11]

Debemos actuar tal y como señalan estos versos y distinguirnos de los animales comunes, hemos de encontrar el gran coraje y corazón que nos harán falta para satisfacer los objetivos de todos los seres conscientes. Y hay una buena razón para ello. Cada criatura en el universo ha sido nuestro padre y nuestra madre, no sólo una sino innumerables veces. Y ni uno solo de ellos, al ser nuestro padre o madre, ha dejado de prodigarnos su amabilidad una y otra vez.

Supón entonces que olvido su amabilidad y no tengo intención alguna de devolverla. Sería realmente una forma indigna de actuar, serían los malos modos de una persona sin rectitud, de un desvergonzado. Los versos de *La Canción del Tambor, el Rey de los Serpentinos* nos dicen también:

> El mar no es mi problema, mi trabajo no son las montañas, mi trabajo no es la tierra; Lo que me atrae es, más bien, pro-

> curar devolver la amabilidad que me han mostrado y nunca dejar de hacerlo[12].

En el mismo sentido, estas líneas dicen:

> La bondad es devolver la amabilidad recibida[13]. La maldad es no corresponder dicha amabilidad.

Piensa: todo lo que tenemos ahora, empezando por esta forma humana preciosa, ha llegado a nosotros gracias a la amabilidad de otros seres conscientes. Ahora nos toca devolverla. Debemos empezar a corresponder aquí, en las circunstancias actuales, mientras podamos y aún poseamos una forma perfecta para la práctica del Dharma.

Si ahora no puedo alcanzar este gran objetivo, si todo lo ganado va a perderse, resulta absurdo jactarse de trabajar para todos los seres conscientes; es incluso poco probable que pueda acceder a los reinos más afortunados otra vez. ¿Cuál será, entonces, la manera de devolver esa amabilidad? Ninguna es superior a procurar que todo ser vivo goce de la mayor felicidad posible y que esté libre de cualquier forma de dolor. ¡Yo haré que así sea! Deja crecer estos pensamientos de amor y compasión en tu corazón, hazlo con intensidad.

Seguidamente, debes determinarte a tomar tú mismo esta carga: "no confiaré a nadie este trabajo; tengo que ser yo, y solo yo quien procure felicidad a cada ser consciente y le libere de su dolor".

Sin embargo, la capacidad de llevar a cabo esta noble tarea la posee un único ser: un buda. Nadie más puede hacerlo. Si para beneficio de todas las criaturas vivas llego a alcanzar el estado de un buda, veré realizados los dos objetivos últimos,[14] al tiempo que obtengo para mí todo lo que necesito.

Si no sigo este camino y en lugar de ello anhelo un nirvana inferior y me convierto en un destructor de enemigos, llamado también un oyente o "buda auto realizado",[15] no conseguiré todo lo que me hace falta ni obtendré más que una sombra de lo que los demás necesitan de mí.

Por esta razón debo alcanzar el estado de un Buda, aquel que ha llegado hasta el final, allí donde las necesidades propias y las de los demás están sobradamente colmadas. Pero he de saber cómo y para saberlo, debo aprender. Empezaré con esta misma enseñanza de Dharma y otras parecidas. Seguiré bien las instrucciones y llegaré al estado de la Budeidad.

Piensa tú también en ello, ahora que la enseñanza empieza, ya que estos pensamientos forman parte del sendero mayor, son el deseo de obtener la Budeidad. Al menos intenta imitar esta línea de pensamiento. Si no puedes hacerlo de manera auténtica, procura que estos pensamientos moren en tu corazón a lo largo de la enseñanza que estás a punto de escuchar.

¿Qué enseñanza es esta? Una que fue pronunciada por nuestro Gentil Salvador, por el Lama, el Gran Tsongkhapa, en Yangon, la ermita del Victorioso. El discurso tuvo lugar en el Monasterio de Reting, hacia el norte, a los pies de una gran hendidura en una roca con forma de boca de león.[16]

El Noble impartió allí estas instrucciones, vitales para sus discípulos, pensando exclusivamente en el beneficio de todos los seres conscientes y en la Palabra de Buda. El título del texto que mostró es la *Fuente de toda mi Excelencia,* también conocido con otro nombre, *Suplicar una Montaña de Bendiciones.*

Este es uno de los trabajos denominados las "Etapas hacia la Budeidad". Textos como este contienen cada una de las materias cruciales de las enseñanzas públicas y secretas del budismo. Presentan todos estos temas sin el menor error, de principio a fin. Desde cómo encontrar y servir a un guía espiritual hasta la perfecta Unión secreta, donde ya no queda nada más por aprender.

Estas enseñanzas sobre las Etapas son la esencia pura de todo lo que los budas victoriosos han proclamado, la suma que todo lo integra. Son la sola y única forma de Enseñanza que personifica todo el sendero mayor; son la cúspide de la cima más elevada e incomparable.

Nuestro Noble Lama, en su trabajo titulado *Canción de mi Vida Espiritual,* dice:

> Cuando en ti mismo has desarrollado el sendero compartido, aquel que es necesario para andar los dos senderos más elevados...[17]

Lo que da a entender es que, en general, esta instrucción sobre las Etapas hacia la Budeidad nunca se puede dejar de lado, tanto si practicas las enseñanzas públicas del budismo como las secretas. De manera más específica, el Gran Quinto de los Dalai Lama dijo:

> Todos hablan de ello, la Palabra Secreta, la Más Profunda, es la corriente esencial en el río del Dharma para los que gozan de gran capacidad.
>
> Pero si intentas practicarla antes de que tu mente esté adiestrada en el sendero compartido, te verás montado en un poderoso elefante, salvaje e indómito; Lo único que conseguirás será echarte a perder.[18]

Es vital entonces, para cualquiera que espere cruzar la puerta que lleva al camino de la Palabra Secreta, adiestrar primero su mente en este sendero que comparte las enseñanzas públicas y las secretas.

Hay una razón por la que este texto es conocido como "Suplicar una *Montaña de Bendiciones*". Al recitarlo estamos *rogando* a nuestro Lama que nos conceda un *gran montón* o una montaña de cada una de las experiencias espirituales: desde encontrar y seguir a un guía espiritual como es debido, hasta la Unión perfecta. Y le pedimos una *bendición personal* que provenga de él mismo. Tal y como señaló el amigo espiritual Tompa:

La habilidad especial de mi Lama es su capacidad para integrar toda la enseñanza en una sola, –para el Padre, nada hay que no sea una enseñanza–.[19]

También ha dicho:

> Su maravillosa palabra engloba los tres grupos. Consejos adornados con la enseñanza de los tres niveles de motivación, un rosario de oro y joyas de Los Guardianes. Significativo para todo aquel que lee en sus cuentas[20]

Gueshe Tompa describe aquí lo que nuestro Noble Lama ha expuesto en sus presentaciones de las Etapas del sendero, desde la más breve a la más detallada: estas Etapas son, con diferencia, superiores a cualquier otra forma de instrucción, gracias a sus tres cualidades extraordinarias y a sus cuatro clases de grandezas.[21] Contienen todos los temas cruciales de los tres grupos que engloban las enseñanzas completas del Buda. Son el único conjunto que entremezcla los 84.000 Dharmas extensos[22] y el único camino por el que todos los budas Victoriosos han viajado, siguen viajando y viajarán en el futuro. Como se señala en la breve composición, la *Gema de las Cualidades Distinguidas:*

> Esta es la perfección y ninguna otra, el sendero compartido por todos los Victoriosos del pasado, del presente y del futuro.[23]

Personas como vosotros y como yo podemos acudir a cuántos grandes Lamas queramos y recibir de ellos elevadas iniciaciones, transmisiones orales especiales, enseñanzas sobre textos y otras cosas parecidas. Podemos jactarnos de haber estudiado los cinco grandes clásicos[24] y habernos sumergido en sus profundidades, no importa. Si no somos capaces de aplicar estas Etapas a nuestras propias vidas, reuniéndolas todas en una sola, corremos el riesgo de apartarnos del camino, tal como advirtió el Gran Quinto:

> Es cierto que vemos estúpidos que no conocen nada mejor que actuar con maldad por culpa de los asuntos de esta vida.
>
> Pero nuestro error es peor que el suyo porque hemos estudiado a fondo las palabras más santas y, aun así, dejamos que nuestras esperanzas últimas sean barridas por el viento.[25]

Por lo tanto, debes transformar tu conocimiento en Dharma: debes tomar las cuatro grandes cualidades de las Etapas hacia la Budeidad e integrarlas en tu propio corazón. Y hay algo más que has de saber, lo que dicen los versos del Maestro y Traductor de Taktsang:

> Canto tus alabanzas, gran casa del tesoro, explicación refinada de la que carecíamos antes,
>
> La elucidación absoluta, la palabra más elevada, en especial el sendero del diamante,
>
> Enseñanzas que abarcan todos los grupos secretos, en especial el insuperable;
>
> Con respecto a los enunciados de ambos niveles, en especial del cuerpo mágico.

Las líneas que hablan del "sendero del diamante" se refieren a las enseñanzas secretas del budismo.[26] Son claras también las palabras del Karmapa, Mikyo Dorje, que en la parte final de su vida generó hacia Tsongkhapa un grado extraordinario de admiración, del que sólo son capaces aquellos de elevada inteligencia, que no siguen el Dharma impulsados por la fe, sino más bien guiados por la razón. Parte de las líneas dicen:

> Dedico esta alabanza a la tradición de la Montaña del Paraíso del Gozo
>
> A Tsongkhapa, que, en estos días, cuando muchos en nuestra Tierra del Norte
>
> Interpretan las enseñanzas de los Victoriosos de manera errónea, ha barrido
>
> Y cribado la suciedad vertida en ellas, siempre inmaculadas.[27]

El más elevado de los victoriosos, el séptimo Dalai Lama, Kelsang Gyatso, ha dicho también:

> Es una tradición pura, esta del linaje del Paraíso del Gozo; no es una escuela de pensamiento fragmentario, ni limitado. Es

> el néctar esencial, indispensable para aprender y practicar la Enseñanza.
>
> Por ello, tanto la Palabra pública como la secreta, son como una instrucción personal.[28]

Esto es justamente lo que hay: nuestra tradición escritural, la Montaña del Paraíso del Gozo, es completa e inmaculada, en ambos campos –la palabra pública y la secreta–. Es una enseñanza que no se encuentra en ningún otro lugar y posee una infinidad de cualidades únicas y sin parangón: su profundidad, la velocidad de sus resultados y demás. Así, esta enseñanza sobre las Etapas hacia la Budeidad, tal y cómo fue instituida por el Gentil Protector, Tsongkhapa, contiene un número casi ilimitado de consejos espirituales que no se hallan en ninguna otra escuela, ni tan siquiera en la de los antiguos Guardianes de la Palabra.[29]

¿Existe otro sistema más profundo o que abarque más que este Dharma de las Etapas del Sendero? Ciertamente, no es el caso de aquellas enseñanzas de las que muchos se jactan diciendo "son muy profundas" o "son muy elevadas e inescrutables". La gente parlotea acerca de sus experiencias especiales, del supuesto cenit de algún método muy secreto. Hablan de los niveles de creación y consumación, hablan también de los canales, los aires y las gotas, del gran sello, la gran consumación o lo que sea.[30] Pero si uno no practica estas Etapas, ni tan siquiera podrá sembrar las semillas, y mucho menos hará florecer el Sendero en su mente.

He aquí que sea tan importante pasar por todas las Etapas y aplicar los tres procesos: aprender, contemplar y meditar en ellas. Así pues, ahora os presentaré –dijo nuestro Lama– sólo una breve explicación y transmisión oral del trabajo conocido como la *Fuente de toda mi Excelencia* cuyo contenido es el corazón de las Etapas del Sendero hacia la Budeidad.

II
Cómo seguir al Lama

El texto de la *Fuente de toda mi Excelencia* se divide en cuatro partes:

1. La raíz del sendero, cómo confiar en un Lama y servirle debidamente
2. Cómo adiestrar la mente, una vez te has confiado en un Lama
3. Súplica para obtener todas las condiciones favorables para tener éxito en el sendero y evitar las circunstancias que podrían impedirte conseguirlo
4. Oración para que en tus vidas futuras seas cuidado por un Lama y así consigas la fuerza necesaria para acceder a la culminación de todos los niveles y senderos

La primera parte se presenta en la estrofa siguiente del trabajo:

(1)

La fuente de toda mi excelencia es mi amable Lama,mi Señor; bendíceme en primer lugar para ver que entregarme a él de la forma adecuada, es la verdadera raíz del camino, y concédeme pues poder seguirlo y servirle con toda mi fuerza y reverencia

Esta Etapa, seguir a un Lama, se divide en dos secciones: desarrollar fe clara en él, lo cual es la raíz del Sendero y generar reverencia, considerando su gran amabilidad para con nosotros. La instrucción para desarrollar fe tiene dos secciones: cómo seguir al Lama de pensamiento y cómo seguirlo a través de la acción. La *Enseñanza Secreta de Sambhuta* dice:

> Nunca podrás trasladar un bote al otro lado del río a menos que cojas el remo con tus manos.
>
> Nunca te liberarás del sufrimiento sin un Lama, aunque te perfecciones en cualquier otro aspecto[31].

El *Sutra Corto de la Perfección de la Sabiduría* señala:

> Los budas victoriosos, quienes poseen las más altas de todas las buenas cualidades, hablan todos como uno al decir: Cada aspecto del sendero budista depende del Guía Espiritual[32]

Y sigue diciendo:

> Y de esta manera, los sabios que buscan el estado elevado de la Iluminación con un intenso y sincero deseo deberían destrozar todo su orgullo
>
> Y, como una multitud de enfermos que se congrega para recibir la medicina que cura, seguir a un guía espiritual y servirle de manera unipuntualizada.[33]

Nuestro Gentil Salvador, Tsongkhapa, también ha dicho:

> Solo hay una llave para encontrar un inicio perfecto con el que alcanzar todos tus deseos, los dos tipos de felicidad, a corto plazo y a nivel último.
>
> Y las palabras más elevadas que jamás se hayan pronunciado dicen lo mismo: es tu Lama. Y así, debes consagrarte meditando en él, en la esencia de las tres clases diferentes de refugio. Pídele que conceda todos tus objetivos[34]

Todas estas líneas hacen referencia a lo mismo: si anhelas obtener las elevadas cualidades espirituales de los diferentes niveles y senderos, desde los inicios has de hallar y seguir a un Lama que pueda mostrarte cómo hacerlo.

Y el Lama o Maestro que describimos aquí no es el primero con el que te cruces, ni tan siquiera es aquel a quien llamen "Lama". Debe ser alguien que posea las diez elevadas cualidades descritas en *Los Sutras de la Joya*. En primer lugar, debe ser una persona disciplinada, comedida, que posee la paz y la paz elevada; es decir, que domine los tres adiestramientos[35]. Debe demostrar perfectas cualidades espirituales que sobrepasen las de sus estudiantes y dar muestras de un esfuerzo excepcional. Debe tener un dominio total de las escrituras del Dharma y tener comprensiones experienciales de la vacuidad. Debe ser muy hábil enseñando el Dharma, debe amar a sus discípulos y nunca cansarse o mostrar desánimo mientras enseña, sin importarle cuánto o cuán a menudo le pidan hacerlo.

Sin embargo, actualmente vivimos en una época degenerada y quizá sea difícil encontrar a alguien que posea todas estas cualificaciones. En tal caso, debemos seguir el consejo del Noble de los Lamas:

> Si sigues mi consejo, hombre de la tierra de Gyalkam, adopta el Guía espiritual último: El que percibe la Realidad, el que tiene sus sentidos controlados, el que te inspira tan pronto como pones tus ojos en él, el que cuando sigues lo que enseña, hace que empiece a florecer lo bueno que hay en ti y debilita lo que hay de malo[36].

Tanto éstas como las demás líneas nos enseñan que el Lama debe tener, al menos estas cinco cualidades diferentes: ha de tener su mente controlada por medio de los tres adiestramientos; ha de tener una comprensión experiencial de la vacuidad y ha de poseer amor. Como mínimo, la cualificación del Maestro debe encajar con la siguiente descripción: tener más interés por el Dharma que por las cosas de este mundo; también deben interesarle más los asuntos de la vida futura que los de la presente; desea ayudar más a los demás que a sí mismo. Nunca es descuidado en lo que hace, dice o piensa. Y, por último, nunca lleva a sus discípulos por un sendero equivocado.

Supongamos que encuentres a un Lama como el que se ha descrito. ¿Cuáles son los beneficios de seguirlo como es preceptivo? De manera resumida: obtendrás todo lo bueno de esta vida y de las futuras. ¿Cuáles son las desventajas de no seguirlo o de hacerlo de forma incorrecta? Experimentar un insoportable dolor tanto a corto como a largo plazo. Intenta entender bien estos hechos.

Tu Lama es la fuente, es como la raíz de donde florecen todas las buenas cualidades de los diferentes niveles y senderos, tanto de la enseñanza pública como de la secreta. Si algún día consigues superar, aunque sólo sea una falta personal, será gracias a él. Si en alguna ocasión consigues cultivar una sola cualidad espiritual, también será gracias a él. El amplio abanico de virtudes, el logro final de la Unión secreta, o la simple aparición de un buen pensamiento, surge todo gracias a él.

Tu Lama es también la única "fuente" en el sentido de que personifica todas las actividades excelentes, la gran bondad que los victoriosos budas llevan a cabo con sus acciones, palabras y pensamientos santos. Intenta ahora desarrollar esta raíz del sendero: fe clara en él.

Si con los ojos limpios gracias a esta fe, empiezas a ver a tu Lama como a un buda real, las bendiciones de un buda real entrarán en tu continuo mental. Es esencial que adiestres tu mente en los senderos relevantes que se describen en los textos sobre las Etapas: las razones por las que deberías ver que tu Lama es un buda; las razones por las que puedes ver que tu Lama es un buda; cómo verle así y demás.

La palabra "amable" en el verso pretende hacernos entender la Etapa de generar reverencia hacia el Lama teniendo en cuenta lo amable que ha sido contigo. La palabra "Noble" es una traducción de la palabra sánscrita *swami*, un término que se aplica a quien es la joya de la corona que todos los seres del universo han de colocar humildemente en sus cabezas, incluyendo aquellos seres mundanos grandes y poderosos.

¿Qué significa "seguir a tu Lama debidamente?" Rendirse completamente ante él, entregarse como un niño obediente y adoptar las nueve actitudes descritas en *La Disposición de los Tallos*[37]. En resumen, debes conducirte correctamente y seguir con precisión cada una de las descripciones clásicas sobre cómo encontrar a un Lama y seguirlo. Si el fundamento de una casa

–las paredes y sus cimientos– son sólidos, la casa también lo es. Si las raíces de un árbol están firmemente plantadas en el suelo, las ramas y el fruto crecerán fuertes.

Lo que esperamos que crezca es el sendero completo: todas las Etapas, desde reconocer la importancia del ocio espiritual y los dones presentes en nuestras actuales circunstancias, hasta el logro de la Unión secreta. Debemos asegurarnos de encontrar una vía de conocimiento seguro y sólido, y tener muy claro que seguir debidamente a nuestro Maestro satisfará todos los anhelos sin ninguna dificultad.

El tema: cómo seguir a tu Lama con el pensamiento, queda desvelado en las palabras "en primer lugar, para ver ". Has de llegar a percibir a tu Amigo espiritual como a un verdadero buda y esto te llevará a seguirlo por medio de los actos.

¿Cómo satisfacer a nuestro Lama? En lo que respecta al sendero que es compartido –o común–, has de usar las instrucciones que se encuentran en la sección sobre cómo encontrar y seguir a un Lama en general. En lo que respecta al sendero de la Palabra secreta, apóyate en las instrucciones de los *Cincuenta Versos sobre los Lamas*[38]. En ambos se describe cómo, con tu mejor disposición, "con toda mi fuerza", aceptas alegremente cualquier trabajo a través de las tres puertas de expresión –cuerpo, palabra y mente–, para satisfacerlo.

Hay diferentes niveles en cuanto al modo de rendir homenaje a nuestro Lama: hacerle regalos, ofrendas materiales, servirle y honrarle, adoptar lo que nos ha enseñado y ponerlo en práctica, viendo así realizados nuestros objetivos espirituales. Cada actividad mencionada es más elevada que la inmediatamente anterior y la última es la suprema.

El texto raíz nos aconseja seguir al Lama de diferentes maneras, pero siempre adoptándolas a nuestra capacidad mental. Al servir al Lama, recuerda lo siguiente: cuando un granjero planta sus semillas, trabaja la tierra para su propio beneficio, no para favorecer al campo. Aquí es lo mismo: soy yo quien espera alcanzar la liberación del dolor y el estado de conocimiento total. Para conseguirlo, debo adoptar algunas cosas y dejar otras; pero soy como un ciego, ignoro totalmente cuáles son.

Mi Amigo Espiritual está aquí para conducir a los ciegos como yo, y al servirle me comprometo a llevar a cabo lo que me pida, no importa cuán agotador o desagradable sea *–mientras no sea algo moralmente erróneo–*. Y no debo ver este servicio como si estuviera trabajando para alguien; al contrario, ni tan siquiera debería verlo como una carga sino más bien como una recompensa: ¡qué suerte poder disfrutar de esta oportunidad! Debo afanarme en servirle tanto de pensamiento como con mis actos, y con los más profundos sentimientos de reverencia.

Si servimos bien al Lama, en nuestras vidas futuras los Lamas cuidarán de nosotros. De este modo podemos considerar esta vida actual como la primera de una larga serie de vidas en las cuales disfrutaremos de cada una de las ocho libertades espirituales y los diez dones. Y nunca más habrá error en esta particular aritmética: siempre disfrutaremos del número exacto de circunstancias propicias para seguir con la práctica del Dharma y así obtener, finalmente, el estado de la Iluminación perfecta.

Aquí, la palabra "bendíceme" significa "embelléceme", "transforma la condición de mi mente". Es decir, hace un minuto mi mente era retorcidamente errónea y estaba unida a los malos pensamientos. Ahora, un instante después, pueda la buena fortuna bendecirme para encontrar y seguir al Lama con toda reverencia; que mi mente se fortalezca y se llene de cada una de las Etapas del sendero. Esto es lo que le pido a mi Lama. Esta explicación de la palabra "bendíceme", ha de aplicarse a cada uno de los versos en los que aparece.

III
Consejo para extraer la esencia de la vida

Lo explicado hasta ahora nos lleva a la segunda y principal parte del texto que describe cómo adiestrar la mente una vez has encontrado y sigues a un Lama debidamente. Consta de dos Etapas: consejo urgente para extraer la esencia de la vida presente, con su ocio y dones espirituales; descripción de cómo extraer esta esencia. El primer paso se encuentra en la estrofa que viene a continuación:

(2)

Bendíceme en primer lugar para comprender que la vida excelente de ocio que he encontrado sólo esta vez, es siempre tan difícil de hallar y tan valiosa; concédeme desear, siempre desear poder extraer su esencia día y noche.

La frase relativa a encontrar una vida así "sólo esta vez" indica que, en general, no es seguro volver a encontrar este tipo de vida en el futuro. Quizá te preguntes por qué, en la presentación de los conceptos del ocio y dones espirituales, la estrofa sólo dice "vida excelente de ocio" y no "vida excelente de ocio y dones". La razón es que ya poseemos el conjunto completo de los ocho ocios espirituales, lo que implica estar libre de ocho situaciones privativas de oportunidades para la persona. Estas situaciones son: nacer en los tres reinos inferiores,[39] como un ser divino de larga vida placentera; como un bárbaro; como una persona con una visión del mundo errónea; como alguien con un serio impedimento, o en un período de la historia en que el Buda aún no ha aparecido en el mundo. Pero sí gozamos de los cinco dones que se relacionan con uno mismo, descritos en la siguiente estrofa:

> Haber nacido como humano, en una tierra central y con todas las facultades completas. No echado a perder por culpa del peor karma y con sentimientos de fe por el lugar[40].

"Haber nacido en una tierra central" se refiere a un lugar donde existe el "núcleo del Dharma", es decir, un país donde haya personas que mantengan los votos de "los cuatro asistentes del Buda", la ordenación completa para hombre o mujer, junto con la ordenación para novicios o novicias. El componente principal del núcleo es el monje totalmente ordenado.

"No echado a perder por culpa del peor karma", significa no haber acumulado, o no haber fracasado en purificar, el karma que surge tras cometer uno de los odiosos actos negativos[41] "inmediatos".

El *lugar* de donde surge todo lo blanco y lo bueno es la enseñanza sobre la disciplina. La palabra "disciplina" puede, por extensión, aplicarse al contenido entero del canon, los tres grupos de escritura, puesto que todos funcionan para disciplinar la propia mente[42]. Tenemos pues el don de la fe en los libros santos.

Examinemos, no obstante, si poseemos los cinco dones que se relacionan con lo que está fuera de nosotros. La referencia clásica es:

> El Buda ha venido y enseñado el santo Dharma. La enseñanza permanece, al igual que los que la siguen. Existe la compasión para beneficio de los demás[43].

El Buda debe haber venido y estar presente aún en el mundo, él o sus discípulos directos deben enseñar el Dharma, las enseñanzas resultantes también deben permanecer, y todo esto debe suceder durante el período previo al paso final en dirección a la superación del dolor. Algunos de sus discípulos deben atestiguar que otros, en la práctica, consiguen los cuatro resultados,[44] después de que él les ha enseñado. Y tales discípulos deben seguir también las mismas prácticas.

Los cuatro dones recién explicados los ha poseído incluso el monje Udayi,[45] pero no puede decirse lo mismo ni tan siquiera del salvador Nagarjuna, que carecía de ellos en su forma literal. Nosotros hemos encontrado a nuestros Maestros que no son diferentes de un Buda, ya que ellos también han transmitido el Dharma. Estos son un sustituto completo, aunque no podemos decir que poseamos tales dones en su forma literal, sin embargo, disfrutamos de los ocho ocios espirituales que constituyen nuestro beneficio principal razón por la que el verso dice: "vida de ocio".

¿Qué significa "Existe la compasión para beneficio de los demás"? Los "demás" se refiere en realidad a nosotros mismos porque nuestros benefactores, Lamas y otros seres motivados por la compasión, actúan en nuestro beneficio para que tengamos todas las condiciones que facilitarán nuestra práctica de Dharma. Por ello nos enseñan el Dharma, nos proporcionan ropa, comida y otras necesidades. Esta frase debería entenderse como una descripción de la buena fortuna de tener a nuestro alrededor a personas que nos proporcionan lo que necesitamos para practicar.

Entonces, tanto vosotros como yo estamos libres de las ocho situaciones privativas de oportunidad espiritual, sin embargo, no trabajamos aquí y ahora cuando tenemos un Dharma para practicar. Estamos atrapados con los grilletes de la vida presente. Probamos todo tipo de actividades insignificantes para obtener ganancia material, la aprobación de los demás, o una gota de fama; queremos encajar en la forma de vida del mundo. Dicha actividad nos ocupa de tal manera que es como si nos hubiésemos inventado una novena carencia de ocio u oportunidad espiritual.

Tenemos una vida y un cuerpo maravillosos, idéntico al que los santos del pasado usaron para conseguir su Iluminación, sin embargo, lo usamos como un gran recipiente en el que almacenar nuestros malos actos. Hemos convertido nuestro ocio y dones espirituales en una gran oportunidad para sufrir.

Para no perder las buenas cualidades de esta vida, deberíamos extraer una esencia especial de estas circunstancias que hemos encontrado, sólo esta vez. Usar este espacio de vida que lo posee todo y en el que no falta ninguna pieza. Si fracasamos en esta empresa, será extremadamente difícil encontrar de nuevo una vida con ocio y dones o fortuna.

Que puedas obtener una vida como esta otra vez, has de juzgarlo tú mismo. Mira en tu interior, para constatar si todas las causas para conseguir los diversos ocios y dones están presentes. Es absurdo mirar fuera para comprobar si hay o no muchos seres humanos. Los humanos son una de las seis formas de vida de sufrimiento y hasta que las seis desaparezcan los humanos no se extinguirán. Siempre habrá un buen número a nuestro alrededor, pero si carecen del ocio y los dones, el hecho de que exista una gran población sólo significará la posibilidad de acumular más no virtud. No deberías volverte indolente, dijo nuestro Lama, por el hecho de que haya tanta materia prima que haga seguir el círculo de la vida de sufrimiento.

Puedes preguntarte "Bueno, entonces ¿cuáles son las causas para obtener el ocio y los dones?" Proteger bien la ética. Esta moralidad debe ir unida a la generosidad y a las cinco perfecciones restantes. El fijador que mantiene integrados dichos elementos es elevar las oraciones más puras. Por tanto, queda claro que encontrar una vida como la nuestra, es difícil de conseguir si tenemos en cuenta las causas necesarias.

Personas como vosotros y yo cometemos siempre actos negativos, los cuales son el mayor de los obstáculos para volver a conseguir el ocio y los dones del cuerpo humano. *El Fundamento de la Palabra sobre la Moralidad Comprometida* y otros textos, señalan que los que nacen como animales son menos en número que los que nacen en los otros reinos de miseria; los que nacen como humanos son menos que los que nacen como animales e incluso entre los humanos, los que nacen en un país donde se han esparcido las enseñanzas del Buda son aún muchos menos[46].

Nacer en un país como el nuestro y encontrar el Dharma con un cuerpo y una mente tan especial como los que ahora poseemos, es casi imposible. Esto demuestra que una vida como la actual es difícil de encontrar también por su naturaleza.

Hay una tercera manera de mostrar lo difícil que es encontrar una vida tan afortunada como la nuestra. Para ello usamos la siguiente metáfora de la *Carta a un Amigo*:

> Supón que una tortuga marina emerja e introduzca su cabeza en el agujero de una anilla de madera a la deriva en la superficie del gran mar de aguas saladas
>
> Las posibilidades de nacer como humano en vez de nacer como animal son incluso más remotas; Noble de los Hombres, hazlo posible, viviendo el santo Dharma[47].

Es ahora cuando tenemos tiempo de practicar el Dharma. Poseemos las condiciones externas necesarias para tener éxito, pues hemos entrado en contacto con un Lama, un Amigo espiritual que es idéntico al Noble Buda. También disfrutamos de las condiciones internas, pues nuestra mente no tiene ningún defecto y estamos dotados con la inteligencia requerida para avanzar en las etapas de aprender, contemplar y meditar.

Si verdaderamente me implico, es seguro que todo lo puedo conseguir, desde objetivos temporales como un buen y útil nacimiento en las formas superiores de vida –entre humanos o entre seres del placer– hasta el objetivo último que es convertirme en el mismo Guardián del Diamante[48].

Todo ello es posible gracias a la extraordinaria vida que has conseguido; trata de comprender este hecho, intenta sinceramente reconocer esta oportunidad tan significativa.

Si eres consciente de tu ocio y dones espirituales, ciertos signos aparecerán. Piensa en un hombre cuyos pensamientos están absortos en su gran suerte o gran desgracia. Cada vez que se despierta por la noche dichos pensamientos, de felicidad o desdicha, aparecen muy vívidos y de manera automática.

Lo que suplicamos a nuestro Lama es que nos bendiga para conseguir este mismo nivel de obsesión: *Bendíceme en primer lugar para comprender que la vida excelente que he encontrado*, completa con todo *ocio* espiritual, *es siempre tan difícil de hallar* –y una vez encontrada– es *tan valiosa*. Por una sola vez me las he arreglado para conseguir este cuerpo y vida parecidos a un diamante. He de pensar en el hecho de que el círculo del sufrimiento no tiene principio y en que, normalmente, uno debe practicar durante millones de años para alcanzar el estado de buda, y otras verdades parecidas. *Concédeme* entonces *desear, siempre desear poder extraer su esencia día y noche:* ello evita en todo momento desperdiciar este precioso tiempo en actos absurdos y desprovistos de significado.

Etapas compartidas con los seres de capacidad inicial

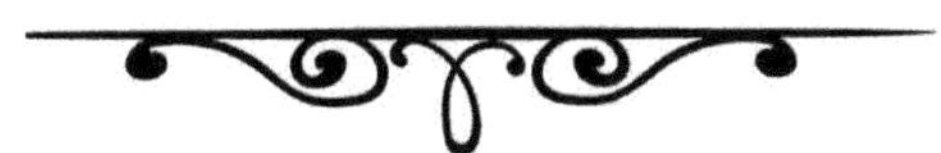

IV

Etapas compartidas con los seres de capacidad inicial

ESTO NOS CONDUCE A la descripción sobre cómo extraer la esencia de esta vida. Consta de tres partes: la primera nos muestra cómo adiestrar la mente en las Etapas que son compartidas con las personas de capacidad espiritual inicial. Abarca esto dos versos del texto raíz:

(3–4)

Mi cuerpo y la vida en él son tan fugaces como las burbujas en la espuma de una ola. Bendíceme en primer lugar para recordar que la muerte me destruirá pronto. Y ayúdame a despertar la convicción de que después de muerto todas las cosas que he hecho, lo blanco y lo negro y el resultado de tales cosas siempre me seguirán como mi sombra.

Concédeme poder estar siempre muy atento para evitar el menor error y, en vez de ello, llevar a cabo toda la bondad posible.

Hemos conseguido esta vida tan especial, con su ocio y dones espirituales, pero *mi cuerpo y la vida en él son tan fugaces,* cambian siempre y a cada momento que pasa, se acerca inexorablemente mi muerte. Pero, esto no es todo, hay condiciones a mi alrededor que pueden matarme en cualquier instante: enfermedades, espíritus dañinos, desastres repentinos, ataques de los cuatro elementos que constituyen mi propio cuerpo. Todas estas condiciones están al acecho para robarme la vida, como una manada de perros ansiosos, alrededor de un trozo de carne fresca.[49]

Y lo que es más, mi cuerpo es comparable a *las burbujas en la espuma de una ola,* no puede evitar ni tan siquiera un mal menor: vemos con nuestros propios ojos que incluso una astilla insignificante puede producir la muerte. En resumen, mi cuerpo y mi vida son frágiles; por ello *la muerte me destruirá pronto*. Aquí puedes usar las instrucciones sobre la inminencia de la muerte extrayéndolas de trabajos como la presentación extensa y breve de las Etapas, de nuestro Noble Tsongkhapa. Dichas instrucciones abarcan los tres principios de la muerte, las nueve razones y las tres determinaciones a tomar[50]. Muestran que nuestra muerte es segura, así como incierto es saber cuándo vendrá. Cuando llegue, nadie a nuestro alrededor ni ninguna de las cosas que poseemos van a ayudarnos; ni tan siquiera nuestro cuerpo.

Piensa en estos puntos para *recordarlos* una y otra vez. El objetivo no es llegar al punto de acabar inmóvil y aterrorizado por la muerte que te va a llegar. Más bien, se trata de comprender que en el momento de la muerte y mientras te acercas a la vida futura, solo el Dharma puede ayudarte, todo lo demás es inútil. Recuerda las palabras del omnisciente Buton:

> No estarás mucho tiempo en esta vida. La muerte viene deprisa, cada momento que pasa te acercas a ella. Como un animal arrastrado hacia el matadero.
>
> Tus planes para hoy y para mañana nunca se ven realizados, deja tus miles de planes. Conságrate a uno sólo.
>
> Serás convocado ante la imponente presencia del Señor de la Muerte; el fin es yacer en tu cama hasta que cese la respiración y la vida acabe. Y en ese día, mi Rinchen Drup, nada a excepción del Dharma te resultará de ayuda[51].

Padampa Sangye también dejó dicho:

> Los resultados de los actos que has cometido, causa y consecuencia, son finalmente ciertos y fijos.
>
> Gentes de Tingri escuchad: Evitad todo acto negativo, evitad cualquier maldad[52].

Y luego señala:

> En la tierra del más allá, los amigos y familiares son pocos; Gentes de Tingri escuchad: Dirigid vuestros pensamientos hacia el Dharma[53].

El Maestro de Bodong, cuyo nombre era Jikdrel Chokle Namgyal también dijo:

> La existencia de las vidas pasadas y futuras se puede entender también a través del razonamiento lógico. Si el cuerpo humano pudiera producirse sin una causa precisa, cualquier objeto existente estaría repleto de cuerpos humanos. Si el cuerpo humano pudiera producirse sin la implicación de un instante de consciencia previo –si pudiera generarse *sólo* de la materia física– entonces cada pizca de suciedad, cada roca, cada montaña y cada afluente podrían también estar repletos de cuerpos humanos.
>
> Para los que niegan la continuidad de la vida, oír estas líneas será como la sacudida de un relámpago. Hay además suficientes anécdotas de sabios y practicantes realizados que han usado su clarividencia para percibir las vidas pasadas y futuras por las que tanto ellos como nosotros pasamos. También se dan casos de adeptos no budistas que alcanzan una clarividencia que les permite recordar hasta ochenta de sus vidas previas[54].

Puesto que nada nos puede ayudar cuando llega la muerte, es esencial dejar de preocuparnos solo por esta vida y prepararnos para morir practicando un Dharma puro que beneficie a nuestro ser futuro. No sucede para ti ni para mí que *después de muertos*, la corriente de la mente se detenga y nos convirtamos en nada. El punto crucial es que no tenemos más opción que tomar otro nacimiento. Y no hay más que dos alternativas: nacer en los reinos elevados de felicidad o en los reinos inferiores de dolor.

No tenemos ningún control en cuanto a cuál de los dos lugares iremos. Iremos donde nos envíen las diferentes causas que producen cada lugar. Estas causas son *las cosas que he*mos *hecho, lo blanco y lo negro*, respectivamente.

Nuestra corriente mental lleva consigo muy pocas causas que nos dirijan a un nacimiento elevado; pero muchas de ellas pueden conducirnos a uno de los nacimientos de dolor. Justo ahora mismo acumulamos actos blancos y actos oscuros: bondad y maldad. En el momento de la muerte, el poder de uno dominará sobre el otro y nos arrastrará hacia nuestro siguiente nacimiento. Las semillas de los actos más numerosos serán, probablemente, las que se activarán.

Y después de llegar a nuestro siguiente nacimiento, las consecuencias placenteras o desagradables de la virtud o maldad nos *seguirán siempre.* Esas consecuencias son infalibles, lo bueno viene de la bondad y lo malo de la maldad. Se engancharán a mi consciencia y me acompañarán adonde vaya, pegados *como mi sombra.*

Que el placer y el dolor sean resultados respectivos de la bondad o la maldad se menciona en cada una de las diversas recopilaciones de la Palabra inmaculada de los Budas victoriosos: en los sutras, en los libros de disciplina, etc. Todas describen que el karma es seguro en el sentido de producir resultados similares a su causa, que se multiplica, que es imposible experimentar las consecuencias del karma no cometido y que las consecuencias de un karma cometido no pueden desaparecer por ellas mismas. Se dice también que:

> El karma de un ser consciente no desaparece ni en cientos de millones de años
>
> Cuando las causas se reúnen y llega el momento, nada puede evitar que florezcan las consecuencias[55].

El Maestro de Bodong cita estas mismas líneas del sutra y dice:

> La gente como tú y como yo podemos tener los ojos empañados, pero debemos observar la Palabra del Buda como precisa. Si has de morir, muere, si te acercas a la vejez que así sea, pero mantén siempre tu confianza en el Maestro[56].

El pensamiento detrás de estas palabras se expresa en un verso del Maestro Shantideva que dice: "la manera en que funciona el karma está más allá de toda comprensión. Sólo el Omnisciente lo sabe"[57]. Por todo ello, debemos buscar una manera de *despertar la convicción*, para poder reconocer la verdad del karma y sus consecuencias inimaginables, tal y como son descritas por el Maestro. Una vez descubramos este conocimiento, comprenderemos que la consecuencia necesaria de todos los actos malignos acumulados hasta ahora nos acompañará hasta el nacimiento doloroso de nuestra vida siguiente.

¿Qué sucede en los tres reinos inferiores? Piensa intensamente en ello: el ardor del acero ardiente, el frío, el hambre, la sed, el agotamiento y el terror, ser incapaz de hablar, vivir en la oscura ignorancia, seres devorándose unos a otros para sobrevivir, y mucho más. Sentirás un gran terror y entonces, desde lo más profundo de tu corazón, buscarás protección en aquello que puede otorgarla: las Tres Joyas[58].

Si los actos malignos proporcionan las causas que me empujan hacia estos reinos inferiores, sobra decir que de ahora en adelante debemos, *evitar el menor error* de los muchos que hacemos: las faltas evidentes que cualquiera puede identificar, pero, también debemos llegar a identificar y abandonar incluso *el menor* de los actos negativos: los que nos damos cuenta de que hacemos. Lo más importante es seguir las palabras del Rey del Dharma, Je Dromtom:

> Tenemos poco tiempo para vivir, es seguro que no seguiremos aquí mucho más.
>
> Deja que el mundo pierda el tiempo trabajando para alimentarse; incluso el más simple sabe cómo hacerlo.
>
> Los que siguen las normas del Dharma no necesitan preocuparse.
>
> El cuchillo del hambre jamás les tocará ni los matará. Deja a un lado esta vida;
>
> No puedes trabajar para esta vida y la futura a un tiempo. La siguiente es la más importante.
>
> Esfuérzate en el Dharma[59].

También dice:

> Tanto si llenas tu estómago en esta vida como si no, aún sobrevivirás
>
> Lo que es difícil es encontrar el Dharma en tu vida futura.
>
> Para beneficio de esa vida, esfuérzate al máximo en el Dharma.
>
> Si ahora no puedes esforzarte en lo virtuoso, ten por seguro que en la vida siguiente sólo sentirás dolor[60].

Por lo tanto, si esperamos obtener algún buen nacimiento en nuestra vida siguiente, no tenemos otra elección que cultivar las causas apropiadas. Es decir, haz lo apropiado y deja lo que no lo es. Existen innumerables instrucciones sobre cómo hacerlo –para ponerlo fácil, el compasivo Maestro nos proporcionó una guía para saber qué adoptar y qué abandonar: la lista de los diez actos bondadosos y los diez actos malignos, la mejor simplificación[61].

Mantener la moralidad de evitar los diez actos malignos, es tan solo un ejemplo típico de los muchos diferentes tipos de *bondad* contenidos en las instrucciones más amplias y sutiles acerca de cómo ir por refugio. Debemos implicarnos en cada una de estas virtudes estando *siempre muy atentos*. Actuar en cada momento del día con una atención adecuada y con vigilancia.

Y debemos ir más allá: siempre que nos adiestremos en estos pensamientos, en las Etapas comunes a las personas de capacidad menor y media, debemos hacerlo con la intención última de usarlas como fundamento para adiestrarnos en el sendero de capacidad mayor.

En resumen, nuestro Lama aconsejó tratar de entender que es preciso usar estas Etapas como medio para desarrollar el deseo de obtener la Iluminación. Y en estas líneas le suplicamos que nos ayude a reunir la capacidad suficiente para hacerlo

.

Etapas compartidas con los seres de capacidad media

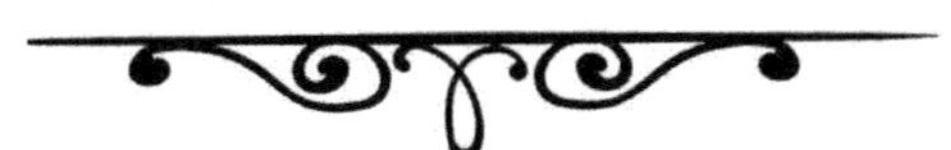

V
Aprender a desear la libertad

De esta manera hemos llegado a la segunda parte de los consejos sobre cómo extraer la esencia de esta vida, es decir, cómo adiestrarse en las Etapas del sendero compartidas con las personas de capacidad espiritual media. Tiene dos divisiones. La primera es aprender cómo desarrollar el deseo de obtener la libertad y se presenta en el siguiente verso del texto raíz:

(5)

Bendíceme para comprender todo lo que es erróneo en las cosas aparentemente buenas de esta vida. Nunca me satisfacen del todo; no son de fiar. Son la puerta de mi dolor. Por ello, concédeme el deseo de esforzarme en buscar la felicidad de ser libre

Supón que hemos seguido todas las instrucciones previas: hemos contemplado la muerte y los sufrimientos de los reinos inferiores, nos hemos esforzado en tomar refugio y observamos la ley de los actos y sus efectos. Es seguro que conseguiríamos, una o dos veces, alcanzar una forma de vida mejor –como ser divino de gran placer o como humano– o adquirir una increíble cantidad de riqueza, al menos temporalmente. Pero la naturaleza de todas las cosas agradables en el círculo de la existencia es que, no importa cuánto consigamos, ni cuánto disfrutemos, nunca nos sentimos satisfechos. Sólo produce desear más y aumenta nuestro apego lo cual nos lleva a experimentar una variedad ingente de insoportable dolor. Las cosas agradables cambian y se convierten en *la puerta de mi dolor*. El más elevado de los Victoriosos, el Gran Quinto de los Dalai Lamas dijo:

> ¿Qué sucedió? Alguien ha estado en mi mente desde tiempo sin principio.

¿Cuándo? No se han apartado ni un solo momento

¿Quiénes son? Vivo y vuelvo a vivir con las aflicciones.

¿Qué pasará al final? Me dejarán pudrir en el océano de la vida de sufrimiento, sin perspectiva de un fin.

¿Y el karma? Viene como el viento, trayendo todo aquello que nunca deseé.

¿Hasta dónde alcanza? Me castiga en todas partes y agita grandes olas, las tres formas de sufrimiento.

¿Cuánto tiempo? Podría vagar por este mar eternamente, la antorcha giraría hasta hacer arder el círculo de luz

¿Qué debería entender? Piensa en esto y date cuenta de que las aflicciones mentales son el único y verdadero enemigo

¿Qué debería hacer? El enemigo que me empuja a vivir preocupado sólo por esta vida, debe perecer.

¿Qué haré? Pretender que soy un guerrero capaz.

¿Cuándo vendrán? Tus enemigos, las aflicciones mentales siempre han estado aquí, esperando, listas para la batalla.

¿Y ahora qué? Con toda seguridad ya ha llegado el momento: adelante, voy a derrotarlos[62].

Como señalan estas líneas, hay un elemento que actúa como raíz de todo nuestro dolor aquí en el círculo de la vida. Este enemigo no es otro que el de las aflicciones mentales, tan estimadas, tan próximas a nuestro corazón. Desde tiempo sin principio, este enemigo nos ha tenido cogidos de la mano para conducirnos hacia un dolor insoportable. Si no logramos eliminar estos malos pensamientos de una vez por todas, seguirán forzándonos a acumular karma y el karma nos obligará a tomar otro nacimiento en esta casa, la casa del círculo de la vida de sufrimiento donde, de nuevo, empezarán las aflicciones y acumularemos más karma. Así es definitivo que este karma nos impulsará a volver a tomar las partes impuras de un ser que sufre en una de las seis formas de vida. Una y otra vez naceremos y vagaremos en estos seis reinos[63].

Tras nacer en el ciclo, los tres tipos de sufrimiento[64] nos atormentarán de manera incesante. No importa que tomemos un nacimiento elevado o inferior, no existe un momento de placer verdadero. Cualquier lugar al que vayamos, será un lugar que producirá dolor. Cualquier amigo que encontremos será un amigo que producirá dolor. Cualquier posesión que tengamos será una posesión que producirá dolor. No pueden ni podrán ser jamás algo diferente del dolor.

Te preguntarás: ¿Cómo puedo entonces escapar de este dolor? Has de encontrar un medio para cortar esta corriente de nacimientos, el círculo de la vida cuya naturaleza es el karma y las aflicciones mentales. Hasta que lo consigas, nunca encontrarás un lugar sin sufrimiento.

La llave para cortar con la corriente de nacimientos dolorosos se encuentra en el texto raíz de *Los Tres Senderos Principales*, donde el Noble de los Lamas dice:

> Piensa una y otra vez en cómo las acciones y sus efectos nunca fallan, y en los sufrimientos del ciclo: Elimina el apego hacia el futuro[65].

Pongamos por caso que encontramos aquello que es lo más elevado de las cosas supuestamente excelentes de esta vida: obtenemos la forma celestial o la riqueza fantástica de un ser parecido a un dios, –como el Puro o el Cien Regalos–, o la de uno de aquellos emperadores que gobiernan el universo con un disco poderoso. No obstante, ninguna de estas formas puede ser de fiar ya que el fin inevitable de cada una de ellas es que nos encontremos *con los frutos de los malos actos* que habíamos acumulado previamente. Dichos actos nos llevan hacia nacimientos en los reinos inferiores donde nos vemos obligados a soportar una variedad infinita de penurias, aquí en el *ciclo* de la vida de dolor.

Debemos entender este proceso y pensar una y otra vez en todos los problemas procedentes de la gran fuente de todo el dolor: los actos ignorantes y las aflicciones mentales. Así *elimina el apego hacia* vidas en el *futuro*. Antes de hacer esto necesitamos algo más:

> El ocio y los dones son difíciles de encontrar, la vida no es larga. Piensa en ello constantemente, elimina el apego hacia esta vida[66].

Como señala el verso, hay que *eliminar el apego hacia esta vida* en primer lugar. Para conseguirlo, piensa en que *el ocio y los dones son difíciles de encontrar*. Y piensa también en lo siguiente: aunque en esta ocasión hayas conseguido un cuerpo y vida perfectos, has de fallecer. *La vida no es larga*, es imposible añadir años a tu vida y los que te quedan, sin pausa se desvanecen.

Todo aquello que tú y yo deseamos realizar –apartarnos de los tres reinos inferiores o alcanzar la libertad y el estado de Conocimiento total– depende de que aprendamos a cortar con el hábito de anhelar "las cosas buenas" de esta vida. Esto es absolutamente esencial al principio, en el medio y al final de nuestra carrera del Dharma.

Estos últimos puntos están especialmente bien explicados en los trabajos de las escuelas antiguas y nuevas de los Guardianes de la Palabra, así como en otros textos de los Maestros originales del Linaje de la Palabra[67]. Si usas estos libros para adiestrar tu mente en estas Etapas experimentarás poderosos resultados. Escucha la siguiente descripción de lo que es la vida de sufrimiento, de labios del Victorioso, Yang Gonpa:

> No puedes asegurar que vivirás, tampoco puedes fijar el momento de tu muerte. Este monstruo, el Señor de la Muerte, no tiene interés alguno en llegar según a ti te convenga.
>
> Los cuatro elementos de tu cuerpo físico y tu mente podrían tomar hoy mismo caminos diferentes. Piensa en ello: ¿Puedes sentirte seguro? ¿Puedes sentirte en paz?[68]

Y añade otras líneas:

> Este demonio, la avaricia, reunió dinero, ignoró comodidad o dificultad para conseguirlo pero al llegar el día, no tendremos poder para llevarnos ni tan siquiera un poco.
>
> ¿De qué sirve el dinero, si nunca está allí cuando lo necesitas?
>
> Amigos y familia han estado con nosotros a las duras y las maduras nosotros nos ganamos la vida y les mantuvimos intentando hacer encajar y cuidar nuestra reputación.
>
> Pero aquel día ni uno sólo de ellos podrá acompañarnos ni un paso
>
> ¿De qué nos sirven la familia o los amigos si nunca están allí cuando los necesitas?
>
> Con fatigas y sudores construimos una casa grande y maravillosa
>
> Para hacerlo, destruimos toda norma sobre qué hacer, decir o pensar.
>
> Pero, qué sucederá cuando el Señor de la Muerte decida: él no dormirá hasta la mañana ¿De qué me sirve mi casa si nunca está allí cuando la necesito?

Luego añade:

> En verano grandes nubes pueblan el cielo y el relámpago viene y se va.
>
> El sufrimiento llamado impermanencia arrastra nuestra vida colina abajo.
>
> Exime el sentido de la permanencia, de sentirte preparado.
>
> La lluvia lo trae, el momento fortuito en el que todo es correcto, y un arco iris viene y se va.
>
> El sufrimiento llamado impermanencia arrastra nuestra felicidad colina abajo;
>
> Exime el buscar lo mejor y pavonearte por todas partes.
>
> Un sonido repentino lo trae, así un eco viene y se va

> El sufrimiento llamado impermanencia arrastra nuestra fama colina abajo:
>
> Exime la esperanza de la grandeza, la esperanza de tener un nombre.
>
> Viajan a la gran ciudad a vender sus mercancías, y paran en un hotel,
>
> Por la mañana el invitado viene y se va por la noche
>
> El sufrimiento llamado impermanencia arrastra a nuestros amigos colina abajo.
>
> Exime la esperanza de adaptarte a tus amigos y familia. En verano las abejas laboran y construyen sus colmenas,
>
> Pero cualquiera puede ver que son derruidas en un instante
>
> El sufrimiento llamado impermanencia arrastra nuestra comida y dinero colina abajo.
>
> Exime tu intento de reunir todo este dinero y comida

Contempla citas y trabajos como los versos de Drom Gyalway Jungne, en donde se anima a sí mismo a perfeccionar su práctica[69]. Piensa siempre en ellas e intenta seriamente seguir las instrucciones sobre cómo abandonar la tendencia de vivir para las cosas de esta vida. Esto, en sí mismo, no es suficiente tal y como expresan los siguientes consejos del Dalai Lama, Kelsang Gyatso, el más elevado de todos los Victoriosos

> Lo que llaman los tres reinos del ciclo de la vida es una casa de acero candente
>
> Dondequiera que vayas, en cualquiera de las diez direcciones el sufrimiento te consumirá.
>
> Deseas con intensidad que no suceda, pero ésta es la naturaleza misma
>
> Cuán lastimosa es nuestra vida vagando sin propósito en una casa de horrores[70].

La naturaleza de este ciclo de la vida con sus tres reinos diferentes, es el dolor. No importa donde renazcas, sea en un reino elevado o uno inferior. Considera cuidadosamente la verdad de estas palabras y busca un método para liberarte de este ciclo y destrozar a tu enemigo: las aflicciones mentales.

Tú y yo podríamos estar engañados respecto a la necesidad de conseguir lo que nos hace falta para subsistir en este mundo: un buen cuerpo, cantidad de cosas, poder, fama. Seamos honestos, qué más da cuánto progresemos en estos objetivos, si nos juzgamos sinceramente vemos que no estamos mucho más avanzados en intelecto o en fuerza que los animales comunes, los gusanos o los pájaros.

Apenas merece la pena apegarse a estas cosas, no deberían hacerte perder ni una gota de sudor, no son dignas de confianza. Podrías obtener todos los placeres y posesiones del ciclo de la vida –convertirte en el poderoso ser llamado El Puro o Cien Regalos, o disfrutar de las muchas riquezas del reino del emperador del mundo. Al final, siempre se transforman en lo que la *Carta a un Amigo* y otros trabajos parecidos comentan: te hacen vagar sin objetivo por la casa de los horrores, los tres reinos inferiores de la vida.

No importa cuál de las llamadas "cosas buenas" consigas en este mundo de dolor, con el tiempo lo único que hará por ti será engañarte. Debes descubrir por ti mismo la mentira; debes aprender a pensar claramente en todos los problemas que estas cosas acarrean. Con el tiempo lo comprenderás, sabrás que, esencialmente, cada pulgada de este ciclo entraña dolor. Entonces despertarás renuncia, el deseo de alcanzar la felicidad del nirvana que está más allá de los dos extremos,[71] liberarte de los sufrimientos de los tres reinos inferiores a corto plazo y de cualquier tipo de sufrimiento en el ciclo de la vida, a nivel último. Y será la forma extraordinaria de renuncia, no la que despiertas al seguir lo que dice cualquiera, no la que está en la boca, pero falla en el corazón, la que no es verdad.

Lo que suplicamos aquí, dijo el Lama, es que nuestro Lama nos conceda la fuerza necesaria para generar un deseo intenso, fuerte y genuino de alcanzar la felicidad que se encuentra en la libertad.

VI
Encontrar el sendero correcto hacia la libertad

Así llegamos a la segunda división de cómo adiestrar la mente en las Etapas del sendero compartidas con las personas de capacidad espiritual media. Es decir, definir qué tipo de sendero nos puede dirigir hacia la libertad. Este punto está expuesto en un único verso del texto raíz:

(6)

Concédeme que estos pensamientos puros me hagan estar atento y vigile lo que debería hacer. Concédeme dar mayor importancia a que los votos de la moralidad se conviertan en la esencia de mi práctica. Ellos son la raíz de la enseñanza de Buda.

Hasta ahora hemos explicado la manera de entender que incluso las supuestas cosas buenas del círculo de la vida carecen de esencia alguna. Cuando lo entendemos, empezaremos a sentir un rechazo total hacia cada rincón del ciclo de la vida. Que los intensos sentimientos de renuncia, *estos pensamientos puros* que desean la felicidad que produce la libertad me *hagan* desear otras cosas, tal y como describió el Omnisciente:

> La vastedad completa de las más elevadas palabras, la enseñanza de los budas se encuentra en los tres conjuntos.
>
> Por esto, los tres diferentes adiestramientos son la esencia de las enseñanzas. Los tres empiezan con el adiestramiento de la moralidad. Ya se ha dicho que se encuentra en el conjunto de la disciplina
>
> Esto explica por qué el santo Dharma, tan bien hablado, fue expuesto en la forma de los trabajos referentes a la disciplina.
>
> ¿Podría darse el caso de que los sabios, aquellos que conocen el orden apropiado de las enseñanzas, no disfrutarán con ellos?

En ningún lugar se dice algo distinto a esto: si deseas desarrollar correctamente la visión, el adiestramiento en sabiduría, debes encontrar la quietud de la concentración.

También se dice que si deseas desarrollar una mente pura, unipuntualizada,

Debes adiestrarte en la moralidad, lo cual es un buen consejo.

Algunos seres nobles sostienen que mantendrán muchos y diferentes tipos de votos.

Pero, ¡oh! Es tan común verlos destrozar los compromisos que han tomado.

El camino del santo es esforzarse en mantener pura su moralidad, tal y como han prometido.

Una vez comprendas este hecho usa tu vigilancia. Analiza constantemente tus pensamientos, palabras y actos, para evitar cualquier falta.

Genera atención y cuidado, ten un sentimiento de consideración hacia ti y hacia los demás.

Utilízalos contra el caballo de los sentidos cuando equivoque el camino.

Utiliza tu fuerza para dominarlo, ya que éste es el estado de mente que se enfoca sobre un objeto virtuoso y permanece sobre el mismo, de manera estable tanto tiempo como desees.

Y esta es la razón por la que se cantan alabanzas a la moralidad, el camino para alcanzar una mente unipuntualizada[72].

El proceso que describe Je Tsongkhapa es así. *Estar atento* es lo primero, pues evita olvidar *lo que deberías hacer* y lo que no. Al estar *vigilante* podré, de vez en cuando, analizar si las actividades de mi cuerpo, palabra y mente tienden hacia lo correcto o lo incorrecto. La habilidad de uno para *dar mayor importancia* funciona así: te previene de pensamientos o acciones incorrectas y te mantiene en los límites de lo que es apropiado adoptar.

Los puntos esenciales de *la enseñanza del Buda* victorioso, el significado del contenido de los tres grupos de la Palabra queda incluido en las tres preciosas y extraordinarias formas de adiestramiento: moralidad, concentración y sabiduría. El pilar sobre el cual se sostienen los dos últimos adiestramientos, su base, *raíz* y el suelo sobre el que crecen, es el tema principal: la moralidad según los diversos votos de la libertad[73]. Tal y como dijo el Gran Panchen Lama, Lobsang Choky Gyaltsen:

> Todo empieza al pensar: "si rompo ligeramente unos pocos de estos votos menores, no será muy grave". En poco tiempo estarás yendo en contra de la mayoría de tus votos.
>
> Si realmente piensas en ello, esta actitud es como un carnicero que despedaza la vida de tu futuro renacimiento superior[74].

Si algo, aparentemente nimio como romper un voto menor, puede aumentar tanto, sobra decir que tras acumular varias transgresiones mayores, el único fruto será caer, gradualmente, hacia uno de los tres reinos inferiores donde el dolor es totalmente insoportable e inimaginable.

Por esta razón, debemos insistir en no ser nunca flexibles con relación a cualquier transgresión que se pueda cometer, incluyendo los votos menores. Debemos mantener todos nuestros votos y convertirnos en expertos de la comprensión de los diversos votos y compromisos relacionados con cualquiera de los ocho grupos de votos de la libertad que has prometido mantener. Y una vez bien aprendidos, harás lo posible para que *se conviertan en la esencia de tu práctica.*

Nuestro Lama dijo, esto es lo que suplicas a tu Lama en este verso. Le pides que te ayude a obtener la fuerza necesaria para mantener tus votos perfectamente, para comprender que los votos que se encuentran en tu interior son la representación real del Buda; para que los ames y estimes, y siempre los defiendas. Pides, dijo, que te *conceda* la capacidad de seguir este camino, así como los otros adiestramientos extraordinarios, tal y como debe hacerse.

Etapas públicas para los seres de capacidad mayor

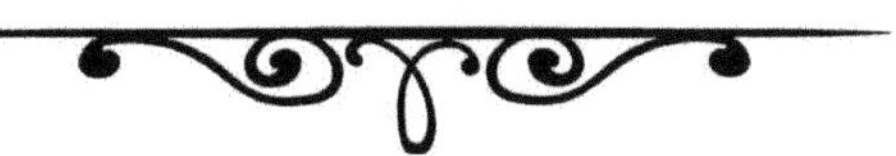

VII

Desarrollar el deseo de obtener la Iluminación

ESTO NOS LLEVA A la tercera y última parte de los consejos sobre cómo extraer la esencia de esta vida: la manera de adiestrarse en las Etapas del sendero para las personas de capacidad espiritual mayor. Aquí también encontramos dos divisiones. La primera es cómo desarrollar el deseo de obtener la Iluminación y se presenta en el siguiente verso del texto raíz:

(7)

He resbalado y me he caído en el mar de esta vida de sufrimiento;
bendíceme para que comprenda que todos los seres conscientes,
cada uno de ellos mi propia madre, han caído también aquí.
Concédeme poder practicar el elevado deseo de obtener la Iluminación, adoptando la responsabilidad de liberarlos a todos.

El Sutra requerido por Viradattva dice así:

Si el mérito del deseo de obtener la Iluminación tuviera forma física, llegaría hasta los mismos límites del espacio y aún más allá[75].

También el libro llamado *La Vida del Bodhisatva* tiene líneas como las siguientes:

Las otras clases de virtud son como un árbol de bambú: dan sus frutos, pero luego mueren y se extinguen.

Pero el deseo de obtener la Budeidad está siempre floreciente, da siempre sus frutos y en vez de morir, reverdece incluso más.[76]...

El Gran Noble también ha dicho:

Aquellos grandes seres que meditan en el método y también en los diversos tipos de sabiduría obtienen la Iluminación rápidamente. Algo así no sería posible meditando sólo en la ausencia de naturaleza propia[77].

Nuestro Noble Lama dice finalmente

El deseo de obtener la Iluminación es el pilar central que sostiene todo el sendero del camino supremo.[78]

Podemos ver, por éstos y otros tratados, que las sublimes cualidades del deseo de obtener la Iluminación son ilimitadas. Desde el instante mismo en que tú y yo decidimos intentar alcanzar el estado de un Buda, no podemos prescindir de este deseo.

Aunque no tengamos otras cualidades admirables, cuando conseguimos este estado mental, obtenemos el título de "Hijo (o Hija) del Buda". Mientras que, si carecemos de este gran deseo, no importa lo excelentes que sean nuestras virtudes –como poder meditar en la visión última, que es comprender que las cosas no tienen una naturaleza propia–, no podremos unirnos al linaje de los que siguen el sendero mayor y mucho menos conseguir la Iluminación. Por lo tanto, este deseo es vital.

Las secciones en las que nos adiestramos en las etapas compartidas con los practicantes de capacidad inicial y media nos muestran cómo meditar en los sufrimientos de los reinos inferiores y en el del círculo de la vida, pero sólo relacionándolo con nosotros mismos. De esta manera desarrollamos una sana y virtuosa repulsión hacia el tipo de vida que vivimos.

Ahora, en este punto, estos mismos pensamientos son transferidos; intentas sentirlos en relación con la condición en la que se encuentran también los demás. Entonces, la compasión y las otras actitudes empezarán a crecer en tu interior. Adiestra, pues tu mente, de manera progresiva, bien sea utilizando "la instrucción en siete partes de causa y efecto" o, en su defecto, la práctica llamada "cambiarse con los demás". Sigue dichos métodos tal y como se describen en los textos sobre las Etapas del sendero a la Budeidad.[79]

Adiéstrate en todos los detalles relevantes y una vez tienes tu primer sentimiento de fuerte familiaridad con dicho deseo, comprométete, por medio del ritual, con el deseo que es oración o aspiración y con el deseo que se implica de hecho en la acción, una vez tienes tu primer sentimiento de fuerte familiaridad con dicho deseo.

El significado del texto raíz es como sigue. Yo mismo *he resbalado y me he caído en el mar* del dolor *de esta vida de sufrimiento;* es decir, he caído en el océano de los nacimientos cíclicos. No puedo ni tan siquiera imaginar lo profundo que es, ni lo amplios que son sus límites. A mi alrededor rugen las grandes olas del mar de mis actos y las aflicciones de mi mente, son el nacimiento, la vejez y la muerte.

Una gran hueste de criaturas despiadadas vive en sus aguas, se alzan y me atacan sin descanso, son los tres sufrimientos –el sufrimiento del dolor obvio, el sufrimiento del placer que cambia y el sufrimiento de, sencillamente, estar vivo. Me despedazan, me torturan sin cesar.

Y lo mismo les sucede a *todos los seres conscientes*. En el pasado *cada uno de ellos* ha sido *mi propia madre*. En la corriente incesante de vidas por las que he pasado, me atendieron y protegieron con un cuidado inmenso.

He de llegar a *comprender* la manera en que todos estos seres *también han caído aquí,* en cómo han sido lanzados hacia el dolor por culpa de este caudal de sufrimiento. Y entonces *adoptar la responsabilidad de liberarlos a todos*. Debo asegurarme de que alcancen la felicidad. Yo mismo lo voy a hacer posible, sin la ayuda de nadie, sin depender de nadie más. De manera especial, yo me ocuparé de que cada uno de ellos alcance el estado de Buda.

En resumen, dijo el Lama, le pedimos a nuestro Lama que nos conceda la habilidad para despertar los intensos sentimientos del amor y la compasión, estados mentales incapaces de seguir soportando más el ver a nuestras madres, todos los seres, apartados de la felicidad y azotados por el dolor. Pedimos que estos sentimientos nos conduzcan a la aspiración más *elevada*, el innato y verdadero *deseo de obtener la Iluminación.*

Pedimos a nuestro Lama que nos otorgue la capacidad para *practicar*, para meditar en este deseo hasta perfeccionarlo totalmente, aquí, en este mismo cojín de meditación, antes de volver a levantarnos.

VIII

Adiestramiento general en las actividades del bodhisatva

Así llegamos a la segunda división de la instrucción relativa a la manera de adiestrarse en las Etapas del sendero que atañe a las personas de capacidad espiritual mayor. División que implica adiestrarse en las actividades de un bodhisatva, una vez ha sido despertado el recién descrito deseo de obtener la Iluminación.

El discurso se desarrollará según dos divisiones: adiestrarse en las actividades del bodhisatva que se consideran públicas y adiestrarse en las actividades del bodhisatva que son secretas. La división inicial tiene también dos partes, explicando la primera de ellas cómo adiestrarse en las actividades completas. Se presenta en un solo verso del texto raíz:

(8)

Bendíceme para que comprenda claramente que el deseo en sí mismo no es suficiente ya que si no estoy bien adiestrado en los tres tipos de moralidad no puedo convertirme en un buda. Concédeme entonces la determinación intensa de dominar los votos de los Hijos de los Victoriosos.

Supón que eres capaz, tal y como se describe en el verso, de generar el *deseo* de obtener la Iluminación y que esperas verdaderamente conseguir el estado de un buda para ayudar a todo ser consciente. Esto *en sí mismo no es suficiente*. Una vez alcanzas el deseo, debes tomar los votos de esos príncipes y princesas, esos Hijos e Hijas de los budas victoriosos. Y después, has de adiestrarte en la generosidad y en las cinco perfecciones restantes, en caso contrario será imposible llegar a la Iluminación. Esto explica la trascendencia de la afirmación de los seres santos cuando dicen que las seis perfecciones[80] están incluidas en los tres tipos de moralidad.

El primer tipo de moralidad es "la moralidad de apartarse de lo negativo", en la que pones mucho cuidado por mantener la ética de evitar los diez actos negativos[81]. Este buen comportamiento es común a todos, lleven hábitos de monje o no, y debe ser mantenido.

De manera más específica, en este primer tipo de moralidad te esfuerzas al máximo para asegurar que tu vida no se mancille al sobrepasar los límites de los votos que has prometido mantener. Aquí se refiere a los votos de cualquiera de los tres grupos tradicionales: los votos de la libertad, los votos del bodhisatva o los votos secretos[82].

El segundo tipo de moralidad es "la moralidad de acumular bondad" en la que usas una gran variedad de medios para almacenar virtud en abundancia dentro de ti; esta virtud consiste en acumular mérito y sabiduría[83].

El tercer tipo de moralidad es "la moralidad que va dirigida a cada ser consciente", en la que tienes un gran cuidado para mantener los diferentes tipos de moralidad mencionados antes y que implican refrenarse de lo malo, pero no con una motivación infectada de egoísmo, sino movido por la intención de llegar a la Budeidad total para beneficio de todo ser viviente.

Debes encontrar un conocimiento estable que *comprenda claramente* la necesidad de una fluidez total *en los tres tipos de moralidad: Si no estoy bien adiestrado* y completamente acostumbrado a seguirlos, *no puedo convertirme en* uno de aquellos que ha llegado al estado de la Iluminación completa, *un Buda*. Una vez has hallado este conocimiento, adopta *los votos de los Hijos de los Victoriosos* (es decir, los votos del bodhisatva) y con una *determinación intensa* aprende a *dominar* los tres tipos de moralidad. Lo que suplicamos a nuestro Lama, dijo el Lama, es que nos *conceda* capacidad para hacerlo.

IX
Adiestrarse en las dos últimas perfecciones

Tras presentar las actividades del bodhisatva, pasamos a la descripción particular sobre la manera de adiestrarse en las dos últimas perfecciones. Este punto se encuentra en el verso del texto raíz que dice así:

(9)

Concédeme poder obtener rápidamente el sendero que une la quietud y la visión. Una tranquiliza mi mente de la distracción hacia objetos erróneos. La otra analiza el significado perfecto de la manera correcta.

Este verso habla de objetos que son *erróneos* y se refiere a objetos equivocados en un sentido particular. Un ejemplo sería intentar desarrollar concentración meditativa fijando la mente en un bastoncito de madera, como abogan algunos no budistas. Has de buscar algo que *tranquiliza* la *mente* –es decir, hay que evitar *la distracción hacia objetos erróneos* externos.

También escuelas tibetanas del pasado han enseñado que la quietud meditativa consiste en no pensar en nada en absoluto, sencillamente mantener la mente en una especie de oscuro estado de hundimiento. Mantienen que el estado elevado de la visión perfecta es ir de este letargo hacia una mera realización de un vacío, simple y llano, de la naturaleza engañosa o convencional de la mente. Describen esta vacuidad como, lo que se consigue ver después de analizar si lo que llamas "mente" tiene o no forma y color, y descubres que no es así.

Pero ninguna de estas ideas es correcta. Lo que deberíamos seguir son textos como la explicación extensa y breve de las Etapas del sendero, compuestas por el Noble mismo, donde se presentan las instrucciones que dio el Gran Regente, el Amoroso, en su propio trabajo titulado *Separar el Medio y los Extremos.*

Estos tratados describen la manera en que se progresa de manera gradual al eliminar los cinco problemas de la meditación y adoptar las ocho acciones correctas obteniendo así los nueve estados mentales con sus cuatro modos o empeños.[84]

Así se obtiene el gozo, una flexibilidad total de cuerpo y mente que surge al permanecer en meditación unipuntualizada sobre cualquier objeto elegido. Esto dirige a lo que llamamos *la quietud* meditativa.

La frase *el significado perfecto* se refiere a un objeto particular: el hecho de que nada tiene una naturaleza propia[85]. Una especie de sabiduría que discierne la naturaleza de algo, que *analiza* ese objeto *de manera correcta* y al final de su análisis llega a una conclusión definitiva. La mente permanece en meditación sobre esta verdad, de manera que se *unen* el análisis y la fijación sobre este objeto y funcionan al unísono. Esto produce un sentimiento de gozo que llena la mente completamente y así se obtiene lo que llamamos *visión* perfecta.

Buscamos poder practicar este proceso donde la quietud y la visión ya no actúan más por separado. Cuando recitamos el verso pedimos a nuestro Lama: Concédeme poder obtener rápidamente esta realización excelente en que la quietud y la visión perfecta están unidas.

Etapas secretas para los seres de capacidad mayor

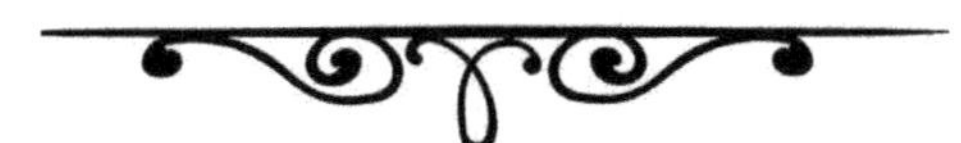

X
Entrar en el sendero del diamante

ESTO NOS LLEVA A la segunda división de nuestra exposición acerca de las actividades de un bodhisatva: adiestrarse en la parte secreta de dichas actividades. Esta exposición consta de tres Etapas diferentes: la manera de entrar en el Sendero del Diamante, habiéndonos convertido en un recipiente adecuado tras recibir las cuatro iniciaciones; la manera de mantener con pureza los compromisos y votos que se tomaron al recibir tales iniciaciones, y la manera de meditar en los dos niveles de este sendero secreto, a la vez que uno mantiene sus compromisos y votos. La primera Etapa se presenta en el verso del texto raíz que dice:

(10)

Bendíceme para que pueda practicar bien el sendero común y me convierta en un recipiente apropiado, para que entre con perfecta facilidad en el Camino del Diamante, el más elevado de todos los senderos, la puerta más santa por la que entran los afortunados y los bondadosos.

Debes *practicar bien* las Etapas generales del *sendero* que es "*común*", tanto a las enseñanzas públicas como a las secretas, es decir, aquel que es importante hasta el punto de que nunca tendrías éxito sin practicarlo. Más específicamente, debes haber adiestrado tu mente en los tres senderos principales: la renuncia, el deseo de obtener la Iluminación y la visión correcta de la realidad[86]. Además, has de tener una motivación que sea un "intenso" deseo de llegar a la Iluminación para beneficio de todo ser. Esto te convierte en un *recipiente apropiado para entrar* en el Sendero de la Palabra Secreta.

Cuando haya llegado este momento, has de entrar necesariamente en el "*Camino del Diamante*", es decir, el Sendero de la Palabra Secreta. *El más elevado de todos los* "diferentes *sende-*

ros"[87], seguido por los oyentes, los budas auto realizados y los bodhisatvas. Lo que convierte al Sendero del Diamante, en el más elevado, es que posee ciertas características únicas como, por ejemplo, utilizar el objetivo como sendero.

En tibetano, la palabra "diamante" es *dorje*. Que a su vez es una traducción de la palabra sánscrita *vajra* –un término cuyo significado básico es "inseparable"–. El "diamante" aquí se refiere a la mente santa del Buda, el diamante verdadero; aquel profundo estado de meditación tan valioso que sólo puede compararse a un diamante. También se podría decir que se refiere a un tipo de sabiduría que es la combinación inseparable de lo que denominamos "método" (gran gozo) y "sabiduría" (vacuidad).

"Camino" aquí da a entender "medio de transporte" –algo que te lleva a un destino–. El sendero del diamante mencionado es pues un "medio de transporte diamantino". En el sendero de las perfecciones, uno ha de proseguir su práctica durante tres "incontables" eones para alcanzar la Budeidad[88]. Lleva tanto tiempo que es como viajar a pie en vez de usar cualquier medio de transporte.

No obstante, si usas el Sendero del Diamante, el Camino de la Palabra Secreta, no te hará falta tanto tiempo ya que es posible obtener el estado de la Budeidad secreta, la Unión, en una sola vida –incluso tan corta como la que vivimos ahora, en esta época degenerada–. De hecho, es posible llegar a la Budeidad en no más de tres años y tres meses. Este sendero pues es un método increíblemente profundo y rápido; como montar un corcel elegante y poderoso.

Los practicantes denominados "oyentes" y "budas auto realizados", aspiran a obtener el estado de la paz gozosa sólo para ellos mismos. Carecen, por tanto, de la virtuosa intención que impulsa el deseo de aceptar la responsabilidad de ayudar a los demás. Los bodhisatvas, por otro lado, no se obsesionan por su propia comodidad y trabajan sólo para el beneficio de los demás. Están rebosantes de la maravillosa fortuna y bondad que les impulsan a alcanzar el estado de un Buda perfecto y poseen también la capacidad de satisfacer totalmente las necesidades últimas, tanto ajenas como propias.

¿Cuál es *la puerta más santa* (la más elevada) por la *que entran los* bodhisatvas que son *afortunados y bondadosos?* Recibir perfectamente las cuatro iniciaciones del Camino del Diamante, el camino de la Palabra Secreta, de manera que estén seguros de sembrar las cuatro semillas para recoger los cuatro cuerpos de un Buda.

El Lama dijo que lo que suplicamos en este verso, es que nuestro Lama nos conceda la capacidad de entrar con *perfecta facilidad* en el sendero profundo recién descrito: el Camino del Diamante, la forma insuperable de la Palabra Secreta.

XI

Mantener votos y compromisos de manera pura

Así hemos llegado a la segunda Etapa de la exposición referente a cómo adiestrarse en la parte secreta de las actividades del bodhisatva, es decir, la manera de mantener los votos y los compromisos que uno tomó al recibir su iniciación secreta. Esta Etapa también se presenta en un verso del texto raíz:

(11)

Bendíceme para comprender con certeza total que, una vez haya entrado así, habré de mantener con pureza mis compromisos y votos pues son la causa para obtener los dos tipos de realización espiritual. Concédeme poder mantenerlos siempre aunque me cueste la vida.

Ahora, suponiendo que *hayas entrado así* –te has convertido en un recipiente adecuado para practicar el Camino del Diamante, el Camino de la Palabra Secreta, has recibido de manera apropiada las cuatro iniciaciones–. Si entonces sigues el método correcto puedes conseguir *los dos tipos de realización espiritual*; la que llamamos "última" y la que describimos como "común" o "compartida".

El logro espiritual último es alcanzar la Unión secreta en la que no hay nada más que aprender. Este es el estado del Victorioso, el Guardián del Diamante. Las realizaciones comunes son las conocidas como "los ocho grandes logros". Estos incluyen los poderes especiales conocidos como la espada, la loción del ojo, los pies veloces, la píldora, atravesar el suelo, desaparecer, extraer la esencia y caminar por el espacio[89]

¿Qué es lo que proporciona estos logros? Su *causa* o fundamento, el soporte mismo que los mantiene es una cosa y sólo una: *mantener con pureza* cada uno de *los compromisos, votos* raíz y secundarios adquiridos al tomar las iniciaciones.

Por tanto, honra y mantén los diversos votos y compromisos. En lo que respecta a los votos del bodhisatva, nunca cometas ninguna de las dieciocho caídas raíz o cuarenta y seis transgresiones. En lo que respecta a los votos secretos, evita las catorce caídas raíz y las dieciocho ofensas graves, al mismo tiempo que honras los compromisos generales e individuales de las Cinco Clases.

Será imposible proteger tus compromisos y votos a menos que logres cerrar las cuatro puertas por las que aparecen estas caídas: ignorancia, falta de respeto, falta de rectitud y aflicciones particularmente graves.

Para mantener estas puertas cerradas debes saber cuándo y cómo ocurre una caída; también contemplar la ley de las acciones y sus consecuencias, y tener un respeto profundo hacia las diversas instrucciones que enseñan cómo mantener dichos compromisos. Permanece en un estado de atención y vigilancia constantes y, por último, usa el antídoto apropiado contra la aflicción mental particular que te cause problemas más serios.

Para encontrar instrucciones sobre los votos y compromisos, puedes usar los trabajos del Noble, Tsongkhapa. Por ejemplo, su tratado llamado *Ruta a la Budeidad* da consejos sobre los votos del bodhisatva, la *Cosecha Dorada de las Realizaciones* da una explicación completa de las caídas raíz de los votos secretos[90]. Al menos estudia el libro sobre los consejos de los tres grupos de votos conocido como *El Hilo de las Joyas Brillantes* o uno de aquellos resúmenes en verso que enseñan los votos secretos y del bodhisatva[91]. Utiliza cualquiera de estas presentaciones, breves o largas, según el tiempo de que dispongas, llega a una comprensión firme de cada uno de los votos y compromisos y mantenlos a toda costa.

Digamos que logras mantener tus votos y compromisos tal como se ha descrito y vives de acuerdo con ellos. Esto producirá ciertos resultados, aunque encuentres difícil esforzarte en prácticas del estado de creación y consumación, y en esta vida no puedes obtener el fin de los diversos senderos y niveles. El poder inmenso de la pureza de tus compromisos y votos te dirigirá a lo largo de tus vidas futuras hacia una existencia muy especial, en la que podrás practicar las enseñanzas secretas. En todas tus vidas siempre encontrarás un auténtico Maestro del Diamante, uno que te enseñe el camino secreto. De este modo siempre serás capaz de poner el camino secreto en práctica. Así, sin duda alguna, obtendrás la Iluminación total en siete o en dieciséis vidas como máximo. A este respecto nuestro Maestro, el Guardián del Diamante, ha mencionado lo siguiente en el *Tantra del Tesoro de los Secretos*:

> Si recibe la persona una iniciación pura, vida tras vida, tendrá poder. En siete vidas obtendrá el objetivo, aunque no medite. Pero aquellos que meditan y además mantienen sus compromisos y votos, obtendrán su objetivo en esta misma vida o, si lo impiden los actos previos, al menos en la siguiente92.

Vibhuti Chandra dice:

> Aunque uno no pueda meditar obtendrá el objetivo en el espacio de dieciséis vidas siempre y cuando no haya incurrido en una caída[93].

El *Libro de los Cinco Compromisos* señala:

> Si los votos se mantienen sin caídas el objetivo se alcanza en dieciséis vidas[94]

Debes llegar a *comprender* estos hechos con *certeza total* –es decir has de generar una creencia firme, profundamente enraizada en ti, de manera que nadie pueda hacerte cambiar de opinión–. Y debido a este conocimiento debes proteger tus compromisos así: *aunque me cueste la vida*.

¿Qué representaría sacrificar tu vida? Imagina, por ejemplo, a un seguidor de una religión no budista o algún bárbaro muy cruel. Supón que viene hacia ti, y te dice, "si no te avienes a abandonar tus compromisos y votos, te mataré". Supón que la decisión fuese inamovible: o rechazas la moralidad o mueres.

"Aunque me cueste la vida"; la elección debería ser la siguiente. Si dejo de lado la moralidad ahora no me matará, pero dará muerte al anhelo último de mis vidas infinitas. Es como si en verdad acabara con mi vida. Sin embargo, si puedo mantener mi moralidad obtendré la felicidad que he buscado en todas estas vidas. Por ello, si para preservar mi moralidad ahora debo dejar que me maten, que sea así, pero nunca renunciaré a mis convicciones éticas.

En resumen, si tenemos que elegir entre abandonar la vida o que degenere la moralidad, deberíamos elegir lo primero. Aquello que más quieres es tu propia vida. Lo que le pides a tu Lama es que te *conceda poder mantener siempre* tus votos y compromisos; llegar al punto en el que estimes infinitamente más estos compromisos que tu propia vida.

XII
Meditar en los dos niveles secretos

Esto nos lleva a la tercera Etapa de cómo adiestrarse en la parte secreta de las actividades del bodhisatva y cómo meditar en los dos niveles de este sendero, al tiempo que se mantienen los votos y compromisos. Esta Etapa también se presenta en el texto raíz:

(12)

Bendíceme para comprender con precisión los puntos cruciales de las dos etapas, la esencia de los senderos secretos. Concédeme poder practicar según el Ser Santo aconsejó. Esforzándome, sin nunca dejar de lado la más elevada práctica de Los Cuatro Tiempos.

Uno puede preguntarse: "Supón que mantengo mis votos y compromisos, ¿qué debo hacer después?" El más elevado de los Victoriosos, Kelsang Gyatso, el Dalai Lama, ha dicho lo siguiente:

> El momento puede ser mi nacimiento o mi muerte o el estado entre ambos.
>
> El tiempo más valioso para sembrar las semillas es ahora.
>
> La manera de transformarlos es la práctica de generación y consumación.
>
> El refugio son los tres cuerpos finales,[95] debes saberlo.

Con lo dicho se da a entender, en primer lugar, la necesidad de mantener cada uno de los votos y compromisos secretos de la manera referida y después practicar la *esencia* misma del gran océano *de los senderos secretos*. He aquí en primer lugar el estado de creación ejemplificado por un numero de métodos.

Tendemos a ver las cosas de una forma ordinaria, pensamos que no son más de lo que parecen; así nos aferramos al lugar donde vivimos, a nuestro propio cuerpo, a las cosas que poseemos y usamos y a cosas como las partes de las que estamos constituidos, o el mundo. A todo esto, lo llamamos los "montones", "categorías" y "puertas de los sentidos".[96] Del mismo modo, siempre hemos tenido que pasar por un nacimiento ordinario, muerte ordinaria y pasaje ordinario entre la muerte y el nacimiento siguiente.

En el estado de creación transformamos estas tres cosas y sucesos aparentemente ordinarios, los convertimos en los tres cuerpos de un buda victorioso[97]. Tomamos todo lo que se presenta: todo lo que aparece ante nuestros ojos, todo lo que llega a nuestros oídos, todos nuestros pensamientos y hacemos que se manifiesten en una pureza total y absoluta, una galaxia de perfección, grandes mansiones celestiales y ángeles santos, como en un baile mágico creado por nuestros Lamas.

En lo que respecta al estado de consumación, algunos erróneamente piensan que consiste únicamente en concentrarse en los diversos canales y aires, hasta producir un tipo de calor interno ordinario. Otros caen en el error de pensar que es un sendero espiritual en el que se consigue percibir que la esencia de la mente es estar consciente y conocer. Sin embargo, el nivel real del estado de consumación no es esto, sino que consiste en tomar los diversos aires que circulan por el cuerpo a causa del pensamiento conceptual ordinario y dirigirlos hacia el interior del canal central –en un proceso triple de hacer que entren, residan y se absorban–. Como resultado de ello, surge un estado primordial de mente, la luz clara, la sabiduría que es simultánea. Y el poder de esta sabiduría hace que toda la existencia aparezca como el juego del gozo y la vacuidad.

En el sendero del estado de creación meditamos una y otra vez en éstas y otras prácticas hasta que, finalmente, conseguimos la Unión del cuerpo y mente santos: llegamos al estado del Señor del Mundo Secreto, el Guardián del Diamante.

Todo esto deja clara la necesidad de estudiar, y estudiar bien, el sendero que incluye *las dos etapas* secretas. Tendremos que *comprender los puntos cruciales* sobre cómo practicar estas dos etapas. Nuestra comprensión debe ser inmaculada, debe ir sintonizada *con precisión* a la intención auténtica del Maestro, tal y como se revela en los textos secretos y en las explicaciones de los grandes Maestros realizados.

Seguidamente debemos ejercer todo nuestro esfuerzo; es decir, *esforzándome* de manera constante y continua, con el grado adecuado –ni demasiado ni demasiado poco–. Estos esfuerzos deberían dirigirse a la recitación de la Práctica de los Cuatro Tiempos del día: al amanecer, por la mañana, tarde y al anochecer–. Debemos hacer de ésta *la más elevada práctica* en nuestra vida *sin nunca dejar*la *de lado.*

Hoy en día hay falsas enseñanzas que algunos se inventan movidos por el deseo ignorante de obtener provecho. Hay senderos que simplemente son absurdos y hay otros senderos que nos apartan del camino real. Hay senderos que están infectados por conceptos equivocados procedentes de alguna antigua religión local, de algunos tipos de fe de la India antigua o cosas parecidas.

El Lama dijo que, lo que suplicamos a nuestro Lama, es que nos *conceda* el poder de nunca acercarnos a ninguno de estos senderos. Suplicamos poder recibir la fuerza necesaria para practicar de manera correcta, las instrucciones encontradas en las palabras más elevadas que nos *aconsejó*. Y estas son las enseñanzas del "*Ser Santo*" mencionadas en el verso. Estas palabras hablan de una persona que nunca pueda engañarnos, un ser incapaz de mentir, aquel meditador de lo último que mantiene la práctica de los tiempos: se refieren al Victorioso, al Buda trascendente.

Conclusión

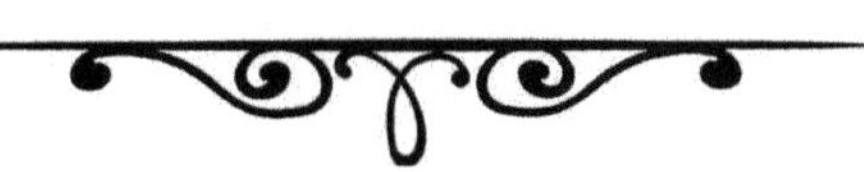

XIII
Suplicar para obtener buenas condiciones

ESTO NOS LLEVA A la tercera división principal del texto, una súplica para obtener todas las condiciones favorables necesarias para tener éxito en el sendero y para evitar aquellas circunstancias que podrían apartarnos de ese objetivo. Esta súplica se encuentra en el verso siguiente del texto raíz:

(13)

Bendíceme y concédeme que tanto el Guía Espiritual que me muestra el buen sendero como mis verdaderos amigos en esta empresa, vivan largo tiempo y tengan vidas fructíferas. Bendíceme para que la lluvia de obstáculos, dentro o fuera de mí, capaz de pararme ahora cese y acabe para siempre.

Queda claro que hay diferentes tipos de senderos espirituales y de cualidad muy variada: unos son totalmente correctos, otros totalmente incorrectos y dirigen desde lo correcto a lo incorrecto. Tú y yo, en cambio, tenemos acceso a un sendero puro, inmaculado y libre de cualquier error. Podemos entrar en él ahora o seguir uno que nos lleve a la perdición. Si elegimos esto último, aunque sigamos dicho camino durante miles de años, será imposible extraer algún resultado fructífero. El Gran Quinto Dalai Lama ha dicho:

> Es muy bonito considerar que una enseñanza es de tu escuela cuando el Lama de quien la oyes lleva un gorro de seda teñido de azafrán.
>
> Pero recuerda, el ladrón de los pensamientos errantes ha robado a muchos y les ha despojado de sus riquezas.
>
> La palabra única y las experiencias siempre han pasado por la línea de la Familia[98].

Estas líneas describen a aquellos de nuestra escuela cuyo conocimiento es tan pobre que sólo hallan diferencias entre los seguidores de tradiciones como el Linaje de la Palabra o los Antiguos, y la tradición del Sendero Virtuoso, tales como que algunos Lamas llevan sombreros rojos y otros los llevan amarillos. Esta gente es incapaz de citar ni siquiera una de las características profundas que distinguen las palabras y las realizaciones de nuestra tradición, de las de otras tradiciones. Tales personas son una desgracia para nuestra escuela.

No seas uno de ellos. Tras muchas vidas y sólo por esta vez te has encontrado con un sistema verdaderamente puro, una escuela que es como el oro depurado. Las creencias que enseña han sido perfectamente refinadas y comprobadas, como el oro que ha pasado por el fuego, las grandes tenazas y la lima. Este proceso fue llevado a cabo con grandes esfuerzos por nuestro Gentil Protector, el Gran Tsongkhapa, que nos ha entregado la preciosa esencia de las enseñanzas de los poderosos seres iluminados.

Hemos encontrado este sistema y debemos intentar que se produzca un encuentro real con él. Es necesario hallar y seguir a un Guía Espiritual que sea verdaderamente cualificado y que siga nuestra tradición de manera perfecta, tanto en su punto de vista como en su práctica. Adoptemos el estudio de los cinco grandes clásicos, los cinco grandes volúmenes de la Palabra y terminemos dicho estudio hasta llegar a una comprensión firme y precisa sobre el funcionamiento de los dos niveles de la realidad[99].

Hemos de examinar y resolver cualquier duda relativa a cómo poner en práctica ese sendero en el que método y sabiduría son inseparables. En resumen, debemos pedir y recibir enseñanzas sobre el sistema inmaculado del gran sendero, aprender las diversas clasificaciones de estas enseñanzas según nuestro Noble Lama, sus Hijos espirituales y aquellos que les han seguido. Y debemos escuchar los consejos privados que se transmiten en la tradición oral. Luego, finalmente, debemos utilizar el método tradicional para dominar estas enseñanzas: los tres estadios, aprender, contemplar y meditar, cada uno interrelacionado con el otro.

Si lo hacemos así obtendremos un gran objetivo ya que habremos encontrado lo que el verso denomina "*buen sendero*": el sendero que dirige a la tierra de la Iluminación y que nunca erra.

Para tener éxito en llevar a cabo y desarrollar el sendero antes descrito –un camino excelente que combina las enseñanzas públicas con las secretas– lo que necesitamos en primer lugar es obtener las diversas condiciones favorables. Precisamos aquel estado en el que nuestra mente es totalmente flexible, así como otras cualidades. Principalmente requerimos un *Guía Espiritual* que nos muestre este sendero *y amigos en esta empresa* –amigos auténticos con un punto de vista similar, que sean *verdaderos* en mantener cada una de las instrucciones del Maestro.

Lo primero que pedimos a nuestro Lama es que nos *conceda* que dichos amigos *vivan largo tiempo y tengan vidas fructíferas;* que sus dos piernas permanezcan plantadas aquí en la tierra, inmutables como un diamante.

En segundo lugar, suplicamos a nuestro Lama: *bendíceme y concédeme que la lluvia de obstáculos* que pudiera aparecer *cese y acabe para siempre*. El primer tipo de obstáculos a que se refiere son aquellos *dentro o fuera de mí, capaces de pararme ahora* e impedirme alcanzar los objetivos espirituales. Los principales obstáculos serían vivir en un país cuyos líderes van en contra del Dharma o prohíben que la gente entre en el Camino, luchando contra la religión.

El segundo tipo de obstáculos son aquellos que están *dentro*, como enfermedades, influencias de espíritus malignos que ataquen tu cuerpo o sufrir de incapacidad mental para dirigir tus pensamientos libremente hacia objetos virtuosos.

Por último, nuestro Lama afirma que tanto de esta sección como de las precedentes un buen número de partes esenciales se encuentran en los consejos tradicionales: las visualizaciones a llevar a cabo en cada punto, cómo hacer descender la corriente de néctar para purificarse uno mismo y a los demás. Él dijo que deberíamos aprenderlos utilizando las descripciones que se hallan en otras presentaciones más extensas de las Etapas del sendero.

XIV
Una oración para recibir protección en el futuro

Hemos llegado a la cuarta y última sección del texto "La Fuente de toda mi Excelencia". Esta es una oración para pedir que los Lamas nos cuiden en cada una de nuestras vidas futuras y así obtener la fuerza necesaria para llegar al final de los diversos senderos y niveles. Aquí, de nuevo, este punto se aborda en un verso del texto raíz:

(14)

Que a lo largo de mis vidas nunca me separe de mis Lamas perfectos. Que disfrute de la gloria del Dharma y genere de manera correcta y rápida las cualidades de cada nivel y sendero para alcanzar con perfección el lugar en el que me convierta en Guardián del Diamante.

El verso dice, *que a lo largo de mis vidas,* ésta y las futuras, *nunca me separe de mis Lamas*, no ha de pasar ni un momento sin ellos. Estos Lamas son *perfectos*: son Guías Espirituales dotados con las cualificaciones pertinentes; son el gran Lama Lobsang, Señor de los Poderosos y Guardián del Diamante.

Y que en estas vidas *disfrute de la gloria del Dharma*: que busque en todo momento beber del Dharma, tanto de la enseñanza pública como de la secreta, o de las enseñanzas que son "profundas" y "amplias" –las instrucciones sobre la visión correcta para vivir como un bodhisatva–.

Que pueda poner en práctica todas las Etapas del sendero tal y como estos Lamas me han enseñado. Si actúo así podré *generar las cualidades de cada* uno de los diez *nivel*es y los cinco *senderos*[100]. Y tendré experiencias correctas de ellos, es decir *de manera correcta*, o al grado máximo.

Que pueda yo alcanzar el estado en el que me convierta en Lama Lobsang, Señor de los Budas Poderosos, el Guardián del Diamante. Y que lo haga de manera *rápida*: en esta misma vida, en siete vidas o en no más de dieciséis.

Rezamos para poder gozar de la fortuna virtuosa de que así sea. Este verso, el que empieza con las palabras "Que a lo largo de mis vidas", no aparece al acabar el texto original de la *Fuente de toda mi Excelencia*. No obstante, nuestro Lama dijo que hay un motivo para que se añada aquí en esta conclusión y para que yo dé una explicación al respecto[101].

En general hay tres fines diferentes por los que vosotros y yo rezamos: tres objetivos en favor de los cuales podemos dedicar el poder de un buen acto, como lo es la práctica que acabamos de realizar. El primer objetivo es dedicar el acto virtuoso para que se convierta en la causa de la Iluminación. Un ejemplo de este tipo de dedicación sería el verso que empieza con la línea: "Por esta virtud, que todos los seres..."[102]

En segundo lugar, dedicamos nuestra buena acción para que se convierta en la causa de que las enseñanzas se expandan. Un verso adecuado aquí sería el que empieza así: "Las oraciones del príncipe bodhisatva, tantas como gotas de agua del Ganges..."[103]

La tercera manera de dedicar un gran acto bondadoso es para que sea causa de que uno y los demás seamos cuidados por un Lama. Lo tenemos en versos como el que dice: "La incomparable Palabra del Maestro"[104].

Una vez estemos bajo el cuidado de un Lama, los otros dos objetivos aparecen de manera natural. Por esta razón, cualquier verso dedicado a conseguir el tercer objetivo es una breve y poderosa combinación y tanto sirve de dedicación como de oración. Y es por esto que la costumbre prescrita por muchos grandes sabios y santos realizados de nuestro linaje pretérito ha sido añadir este verso al final del tratado.

De esta manera termino la explicación de estas líneas conocidas como *Suplicar una Montaña de Bendiciones*. No es sino una explicación breve, justo lo suficiente para no perder sus esbozos básicos.

Esta *Montaña de Bendiciones* contiene la esencia de los pensamientos santos de nuestro gentil protector, el gran Tsongkhapa. Es una instrucción extraordinaria que almacena en pocas palabras una gran cantidad de significados. En un sentido, revela y expone la quintaesencia de las ochenta y cuatro mil grandes enseñanzas transmitidas por los Budas.

Tal y como mencioné antes, los trabajos denominados *Puerta Abierta hacia el Sendero más Elevado* y la *Fuente de toda mi Excelencia,* fueron compuestos por nuestro Noble Lama y derivaron en una súplica encima de la ermita del Victorioso, cerca de Reting que está en el norte[105].

Una vez hecha esta súplica, el precioso Tsongkhapa se encontró cara a cara con cada uno de los Lamas del linaje de las enseñanzas de las Etapas del sendero a la Budeidad. En aquel mismo instante tuvieron lugar muchos signos auspiciosos que auguraban la manera en que el Noble dilucidaría para que estas mismas enseñanzas, se convirtieran en algo tan claro como el Sol en el cielo. El llevaría a cabo éstos y otros grandes actos, actos poderosos y efectivos para propagar las enseñanzas y cubrir las necesidades de los seres conscientes.

Cada uno de nosotros, los más inteligentes y los que no lo son tanto, debemos emular la vida del Noble Lama cuyas poderosas actividades se extienden como el espacio. Debemos hacer todo lo que podamos para que las instrucciones de las Etapas del sendero a la Budeidad echen raíces y florezcan, tanto en nuestro interior como en el de los demás.

Para obtener este objetivo, en primer lugar, debemos llevar a cabo ciertos preliminares: acumular el poder de los grandes actos, limpiarnos de los malos actos pasados y hacer las súplicas a nuestros Lamas pidiendo fuerza. Para este fin necesitaremos una práctica, por ejemplo, la del texto denominado las *Practicas Preliminares* o, en su defecto, la de los *Mil Angeles*[106].

Al menos, deberíamos familiarizarnos totalmente con el significado de los versos de este trabajo tan breve. Debemos poner empeño en la amplia variedad de prácticas, empezando con una meditación de revisión para plantar las semillas deseables en nuestra corriente mental. Recordad aquí las palabras de Tuken Choky Nyima:

> ¿Cuál es el Dharma que deberíamos aprender? Y ¿Cómo aprenderlo? Sólo hay un ser que percibe con precisión cada uno de los puntos cruciales sobre qué adoptar y qué abandonar. Este ser es el Buda.
>
> Por lo tanto, deberíamos elegir aprender el Dharma contenido en *La Lámpara para el Sendero,* del Noble Atisha y trabajos como las presentaciones extensas y breves de las Etapas, donde queda bien clara su verdadera intención. La razón de ello es que estas instrucciones presentan en su totalidad, las claves que el Buda mismo enseñó tanto para las enseñanzas públicas como para las secretas; así podemos practicar el Dharma.
>
> Es cierto que podríamos elegir una manera de practicar diferente y consagrarnos a un beneficio breve, aprendiendo todos aquellos extraños trocitos de Dharma que alguien encontró supuestamente bajo la tierra, que cayeron desde el cielo al regazo de alguien o que fueron recibidos en forma oral de algún antepasado.
>
> A largo plazo, no obstante, esto sólo puede engañarnos. Es precisamente lo que les sucedió a algunos grandes santos del pasado, Maestros auténticos como Milarepa y Kyungpo[107]. Durante un tiempo intentaron estudiar este tipo de trabajos, pero posteriormente se vieron obligados a desecharlos como al estiércol y buscar un Dharma diferente, que les convirtiera en Iluminados[108].

Esto mismo aprendemos de labios de Changkya Rolpe Dorje:

> Es cierto que incontables budas del pasado han enseñado a las multitudes millones de Dharmas perfectos.

Sin embargo, donde se encuentra un libro como *Las Etapas a la Budeidad*, que contiene las instrucciones elocuentes del Noble, Lobsang Dragpa,

Y recoge las palabras más elevadas, las enseñanzas de budas poderosos aunando sus intenciones en una sola, sin descartar nada.

El suyo es un Dharma que beneficia a todos, gentes de mayor o menor inteligencia. El suyo es un Dharma que nunca erra en su visión, ni en su meditación o actividades.

Para aquellos con la fortuna de oírla, que sea vuestra práctica.[109]

Y finalmente, Gungtang Tenpe Dronme ha dicho:

Puede parecer que existen muchas enseñanzas denominadas "profundas"

Pero la mente anclada en el Dharma entiende que cuando deseas extraer la esencia del ocio y los dones

Lo que te salvará es el néctar del pensamiento de los Victoriosos de los tres tiempos:

La tradición suprema del Noble, el Victorioso Lobsang,

Donde cada punto vital es completo y carece de error

Las definiciones, las divisiones, el orden y el resto de detalles del sendero combinan la enseñanza y también la práctica pública y secreta.

En la etapa principal sigue una meditación de revisión de todo esto

Así cada nuevo día plantarás muchas semillas en tu mente.

Sigue también las etapas de empezar y terminar como nuestro Noble Lama nos ha enseñado a hacer[110].

Lo que estos Lamas intentan decirnos es que tenemos a nuestro alcance el Dharma que necesitamos: las presentaciones extensas, medias y más breves de las Etapas de los senderos públicos y secretos expuestos por el Noble, sus Hijos espirituales y los Maestros que los han seguido.

Tenemos en nuestras propias manos un gran cesto, su tapa está totalmente abierta y el interior repleto de joyas preciosas. Por lo tanto, no permitas que se te caiga la baba cada vez que alguien parlotee sobre el descubrimiento de algún Dharma nuevo y profundo. Más bien coge los grandes textos y los consejos especiales de los sabios Maestros realizados de nuestra propia tradición, siguiendo su orden correcto: aprender, contemplar y meditar. Llega hasta el punto en el que sientas fluir en ti las Etapas del sendero, primero por medio de hacer un esfuerzo consciente y después de manera espontánea.

Planta y nutre en tu mente las diversas experiencias, una tras otra, tales como la aversión hacia esta vida de sufrimiento, el deseo de alcanzar la Iluminación para todos los seres conscientes y la visión última de la realidad. Al propio tiempo, desarrolla el sendero de los dos niveles secretos y trabájalos hasta obtener un extraordinario grado de experiencia personal.

Es ahora cuando has encontrado un cuerpo y una vida dotada con el ocio y los dones espirituales. Es la única ocasión en que todo ello se ha reunido para ti. No la desperdicies. No la malgastes entretenido en cosas insignificantes, cosas cuya esencia es pobre. No esperes hasta haberla derrochado del todo.

Hasta tan lejos como los confines del espacio viven los seres que han sido tu madre. Son ancianos y débiles, sus vidas son desesperadas y a lo largo de los tiempos han derramado todas las formas de amabilidad hacia ti. Ahora para su beneficio debes conseguir esta gema preciosa, el estado de la Unión secreta, el Guardián del Diamante.

Apresúrate, dedica todo tu esfuerzo a este objetivo, sigue el sendero que aquí se ha expuesto y llega hasta el final. Empieza ahora, dice nuestro Lama, extrae la esencia última de esta buena vida que posees.

> Es el único sendero inmaculado que han cruzado los Victoriosos; es un tesoro de valiosas joyas, la elevada palabra de aquel de la Caña de Azúcar[111]. Es el gran libro de las enseñanzas sobre la visión profunda y los actos extensos. Llega a nosotros desde el Regente Real, Salvador Invencible y Voz Gentil[112].

Procede de una corriente perfecta desde el Padre, Nagarjuna y su Hijo; hasta Asanga, el Hermano y también otros, no tiene precedente entre los grandes innovadores[113]. Es fruto de la amabilidad de un gran Dios junto al Noble llamado Dromton Je,[114] los de la Tierra de la Nieve tuvieron la gloriosa fortuna de obtener esta enseñanza.

Los traductores tibetanos y los Maestros indios, una multitud de sabios y santos realizados, aceptaron numerosos sacrificios para poder encontrar millones de escrituras y comentarios en la Tierra del Realizado.

Más tarde aquí, en el Tíbet, una Noble Tradición nació y creció hasta que, muchos años después, algunos que carecían de sabiduría empezaron a corromperla; casi llegó el crepúsculo.

Después apareció Tsongkhapa, en honor a la verdad llamado Voz Suave y Gloriosa, para abrir el camino a una renovación: el magnífico sistema de enseñanza sobre Las Etapas del sendero de toda la palabra pública y secreta de los Victoriosos. Aquel día la multitud de afortunados, buscadores de la libertad recibieron una poderosa bendición.

Especialmente, cuando definen a esta enseñanza como la "Esencia de las más elevadas palabras", dicha alabanza está justificada, ya que se adapta a las mentes más afiladas, medias y torpes.

Las Etapas son también como un Guía Espiritual que muestra el sendero totalmente puro, son los ojos que te permiten ver sin error las cosas que deberías practicar y las qué abandonar.

Este breve resumen de las claves de las amplias y profundas Etapas del sendero fue extraído de una canción de experiencias cantada en sesenta gloriosos tonos[115] por un Santo elevado e incomparable para exponer la Palabra pública y secreta: se trata de Pabongka, esencia del Gran Gozo, noble de su mundo secreto.

Esta excelente explicación, es como la madre de la luna[116], como la cueva del tesoro de un rey de reyes que guarda en ella todas la Palabra del Buda.

Por la fuerza de un trillón de Señores de las Serpientes, sustentantes del camino al Paraíso del Gozo[117].

¡Que esta enseñanza se extienda en una primavera gloriosa, proporcionando ayuda y felicidad en todo el espacio!

Y de esta manera concluye esta breve explicación de *La Fuente de Toda mi Excelencia.* Fue recopilada, principalmente, en base a una serie de notas tomadas en día 22 del cuarto mes según el sistema mongol del año del mono de agua (1932) en la casa de retiro conocida como Tashi Choling[118].

Dichas notas provienen de una enseñanza desarrollada por aquel Dios de un Mundo Secreto, el Protector de todos los que están a su alrededor, el Noble, el Magnifico Guardián del Diamante: Pabongka, cuya amabilidad es incomparable. Por aquellos días había aceptado conceder una iniciación secreta a un grupo de treinta discípulos muy afortunados, incluyendo al bueno y glorioso Lama de Golok, Jampel Rolpe Lodru, así como a Ganggiu Trulku Rinpoché, el hijo de Sholkhang[119]. Concedió un número de iniciaciones e instrucciones centradas en los Cinco Ángeles del mundo secreto externo, así como otros aspectos de la práctica secreta del Gozo Más Elevado, según la tradición de Ghantapada. La presente explicación fue impartida como un preliminar necesario para tomar dichas iniciaciones.

También en otras ocasiones, recibimos estas breves pero profundas instrucciones sobre las enseñanzas, directamente de este Guardián del Diamante. Para mi propio beneficio, con el deseo de poder retener estos consejos, tomé un buen número de notas y las guardé. Mi intención fue siempre poder ordenarlas en un futuro.

La existencia de dichas notas llegó al conocimiento de la estimada Yangdzom Tsering, una elevada señora de la nobleza. Una de las grandes patrocinadoras religiosas de nuestra tierra, cuya fe en las enseñanzas de Lobsang, el Rey de los budas[120], en los Lamas y discípulos que mantienen estas enseñanzas es inigualable y tan indestructible como la montaña diamantina del centro del universo.

Esta noble dama me instó con vehemencia a preparar un manuscrito con mis notas para, inmediatamente, esculpirlas en bloques de madera e imprimirlas. Acepté este encargo, sin importarme el trabajo, pues debía ser revisado, anotado y editado, entre otras cosas.

Además de este ánimo, tenía una segunda motivación: mi propio deseo de beneficiar a los discípulos con intelectos tan débiles como el mío. De esta manera, con mucha celeridad he recopilado este tratado, contrastando mis notas con los puntos más esenciales de todo lo que yo sabía con certidumbre que él había enseñado.

Este trabajo fue realizado por mí, aquel cuyo nombre de ordenación es Lobsang Dorje. Soy del monasterio llamado Den. La composición tuvo lugar en el palacio de Ganden, localizado en la hacienda de la Familia de Hlalu. Las páginas finales fueron concluidas en el día auspicioso del Encuentro de los Ángeles, durante la luna menguante del mes de *wo*, en el año del mono de fuego (1956)[121]. Rezo para que esta buena acción sirva como la causa que me confiera fuerza para potenciar en mi propia mente y la de los otros seres, la esencia inmaculada de la palabra pública y secreta: las enseñanzas del Gran Tsongkhapa, el Buda mismo que regresó.

> Ella es una patrocinadora del Dharma cuyos regalos de fe se esparcieron a lo largo y ancho. Con este acto, Yangdzom Tsering ha fraguado una fuerza blanca y pura. Que este poder le permita atravesar los senderos y niveles espirituales, con la velocidad de un carruaje, y la conduzca rápidamente a la capital de la ciudad de la Unión Secreta, de antes y más allá del tiempo.

¡Que la bondad prevalezca siempre!

Notas

1. *Abre tus ojos.* La edición utilizada para esta traducción consta de 27 folios en bloque de madera, impresa en papel tibetano hecho a mano, que se encuentra en la colección privada del venerable Gueshe Lobsang Thardo del Colegio Gyalrong sito en la Universidad monástica de Sera Me, en el Sur de la India. El Tercer Pabongka Rimpoché, Ven Gueshe Lobsang Tupien Trinley Kunkyab, le entregó directamente la copia. Otra copia se encuentra en la biblioteca de Su Santidad Trijang Rimpoché, el último tutor junior del actual Dalai Lama. El texto es especialmente raro y no estaba incluido en la edición estándar de los trabajos reunidos de Pabongka Rimpoché. Ver bibliografía entrada B53.

2. *El Bueno y Glorioso Pabongka.* Se refiere al primer Pabongka Rimpoché (1878–1941) cuyo nombre completo era Jampa Tenzin Trinley Gyatso. Fue el principal Maestro budista de su época, reconocido por su capacidad de transmitir al hombre común, en enseñanzas populares los conceptos más profundos del budismo. Para una biografía en inglés, véase la introducción de *Las Enseñanzas Principales* del budismo. Bibliografía entrada B119.

3. *Fuente de Toda mi Excelencia.* Escrita por el gran Tsongkhapa (1357–1419), quizás el mayor autor de comentarios budistas que ha existido, con unas diez mil páginas de explicación de los antiguos clásicos en su haber y Maestro de muchos discípulos eminentes, entre ellos el Primer Dalai Lama. Este breve trabajo abarca todas las etapas necesarias para seguir el sendero completo a la Budeidad y a menudo se recita al inicio de enseñanzas importantes o elevados rituales secretos. También conforma la sección final de *Un Collar para los Afortunados,*

un texto muy conocido que se usa como preliminar para una sesión de meditación budista.

Tal y como se explicará con detalle más adelante, la *Fuente de Toda mi Excelencia* se encuentra en una obra mayor denominada *La Puerta Abierta al Sendero más Elevado*, y constituye una súplica a los Lamas de los grandes linajes del budismo: los Maestros por cuya mediación nos han sido legados conceptos como el deseo de obtener la Iluminación y la visión de la vacuidad. La importancia de la *Puerta* viene indicada porque aparece en el primer compendio de ciento treinta y cinco títulos menores en las obras reunidas del Maestro.

Tanto el nombre como el papel del texto han evolucionado a lo largo de los siglos. Je Tsongkhapa compuso la Puerta en 1402, en la época del famoso *Sendero Fácil*, que es una presentación de las *Etapas* del sendero de Su Santidad el Primer Panchen Lama (1567?–1662). Se recomienda bajo su título original, como una visualización y petición a los Lamas del linaje. (Ver folio 20a, bibliografía entrada B62).

A mitad del siglo XVIII la sección central de la *Puerta*, una presentación completa y a la vez concisa de las *Etapas*, se convierte en objeto de un buen número de comentarios filosóficos, bajo el título de la *Fuente de Toda mi Excelencia* (frase extraída de la primera línea del texto). Por esta época, el tratado es conocido también con el nombre de *Suplicar una Montaña de Bendiciones.* (Ver bibliografía entrada B100). También es recomendada a lo largo de este período como parte integrante de las seis prácticas tradicionales utilizadas como preparación de una sesión de meditación. Otros comentarios basados en la *Fuente* pertenecen a estos autores:

Akucking Drungchen Sherab Gyatso (nacido en 1803),en la bibliografía entrada B107

Gushri Kachupa Mergen Kenpo Lobsang Tsepel (nacido alrededor del 1760), entradas B69 y B68

Gyal Kenpo Drakpa Gyaltsen (1762–1837), entrada B17 Su Santidad el Sexto Panchen Lama, Lobsang Tupien

Chuki Nyma (1883–1937), entrada B66

Je Lodro Gyatso (1851–1930) editada por Gyal Kentru I Kelsang Drakpa Gyatso (nacido en 1880), entrada B10

Jikme Samten (siglo diecinueve), entrada B33 Kalka Damtsik Dorge (siglo dieciocho), entrada B39

Kirti Lobsang Trinley (1849–1905), entradas B1 y B2

Lumbum Sherab Gyatso (1884–1968), entrada B106

Ngawang Yeshe Tupien Rabjampa (siglo XIX), entrada B27

Shangton Tenpa Gyatso Pel Sangpo (Fecha de nacimiento desconocida), entrada B35

Shasana Dipam, entrada B108

Tsecholing Yeshe Gyeltsen (1713–1793), entrada B100

Las explicaciones sobre las seis prácticas preliminares son, por otro lado, un rico caudal acerca del comentario sobre *La Fuente*. El propio Pabongka Rimpoché da una profunda interpretación del texto en dos de los trabajos mencionados, (en pp. 143– 54, entrada B58, y ff. 36a–39a, entrada B56) que incluyen los versos originales en un texto de recitación basado en la presentación de las *Etapas* del Quinto Dalai Lama. (Ver pp. 298–300, entrada B57 y entrada B26). También los menciona como fundamento para la meditación de revisión en su obra maestra sobre las *Etapas a la Budeidad* llamada *Un Regalo de Liberación Depositado en Nuestras Manos*. (En folio 21a, entrada B55). Y fue su propio maestro, Dakpo Lama Jampel Lundrup, quien añadió dicho trabajo al antes mencionado. *Un Collar* (entrada B31). He aquí otros comentarios sobre las seis prácticas que incluyen explicaciones sobre la *Fuente*, escritos por los siguientes Maestros:

Akya Yangchen Gaway Lodro (1760), en entrada B70 Keutsang Lobsang Jamyang Monlam (nacido en 1689), entrada B65

Tsechok Ling Yeshe Gyaltsen (1713–1793), entrada B101

El Segundo Jamyang Shepa, Konchok Jikme Wangpo (1728– 1791), entrada B 8

Un trabajo adicional muy interesante es el también llamado *Puerta Abierta al Sendero más Elevado*, escrito por Tsechok Ling Yeshe Gyaltsen (1713–1793). El título es el mismo que el del trabajo original de Tsongkhapa debido a que su autor intenta extender la súplica de Tsongkhapa a Lamas del linaje posteriores y así incluir en la oración a los grandes Maestros, desde el propio Tsongkhapa. Este "adendum" empieza en la página 374, entrada B99.

Accidentalmente, la expresión "fuente de toda mi excelencia" (en la forma tibetana *yon tan gyi gzhi rien*) se usó en los comienzos de la literatura budista. La frase aparece en *La Carta a un Amigo,* escrita en sánscrito por el ser realizado Nagarjuna unos diecisiete siglos atrás. Aquí se refiere a la práctica de la moralidad que, como la confianza en un Lama, sirve para proporcionarnos todas las cosas excelentes. (Entrada B6, f 41a; entrada B118, p 38; y entrada B55, folio 23a).

4. *Tres Puertas*. Son las tres vías a través de las cuales uno puede expresarse –en acción, palabra o pensamiento–. Una presentación clásica de ellas aparece en los trabajos sobre el *Conocimiento Más Elevado* (*Abhidharma*). Ver por ejemplo Chone Lama Drakpa Shedrup (1675–1748), entrada B18, folio 123a.

5. *La Esencia del Gran Gozo*. Otro nombre con el que se conoce a Pabongka Rimpoché y que describe su dominio de las enseñanzas secretas del budismo. Los nombres adicionales que siguen la estrofa indican que Rimpoché personifica a Je Tsongkhapa, Buda Shakyamuni y la forma que el Noble Buda adopta para exponer la Palabra secreta.

6. *Montaña de Bendiciones*. El concepto de bendición en el budismo indica el proceso específico a través del cual se altera la capacidad del discípulo para conseguir objetivos espirituales, aumentada a través de sinceras súplicas a un Lama para recibir

bendiciones. Pabongka Rimpoché mismo describe este proceso en su afamado *Regalo de Liberación*, entrada B55, f 90a 90b.

7. *"Lenguaje de los seres de placer..."*. Estas y otras líneas pertenecen a una selección de versos que se recitan tradicionalmente al principio de una enseñanza para que tanto el Maestro como la audiencia empiecen con una motivación adecuada; para pedir una enseñanza formalmente; para impedir obstáculos en recibir la enseñanza y otros. Los versos pueden encontrarse en los libros de oraciones tradicionales que hay en los monasterios budistas tibetanos, y entrada B29. Algunos de ellos son los siguientes: *Esencia de la Sabiduría* (el famoso *Sutra del Corazón*, para impedir obstáculos), pp. 611–616; *Ángel con Rostro de León* (también para impedir obstáculos), pp.619–623; "las virtudes perfeccionadas" (líneas de apertura de las *Etapas del Sendero Breves* de Je Tsongkhapa y obediencia al Noble Buda), p.439; "El Amoroso" (Estos y los siguientes versos comunes de obediencia y ofrecimiento de la ablución a los Lamas del linaje), p.21;"Voz Gentil", p.21; "El de gran compasión", p.22; "Enseñar qué aprender a alcanzar", p.22; "Fundador de la Tierra de las Nieves", f 9A de entrada B31; "Los tres lugares" (estos dos últimos son también gracias comunes), p.26; "Las constelaciones", p.26; "En todas mis vidas" (también unida a la *Montaña de Bendiciones*), p.12; "La gran tierra" (el ofrecimiento breve del mandala), p.43; "Encima de un trono de leones (de una oración de devoción a Je Tsongkhapa), p.6; Esponjas del Cielo" (una súplica para recibir enseñanzas, del famoso Ofrecimiento a los Lamas), p. 191; "Idam gurú (palabras finales del ofrecimiento de mandala), p.43; "Al Buda (la conocida fórmula para tomar refugio y desarrollar el deseo por la Iluminación), p.2; "Seres de placer" (una obediencia a Tara, el Ángel de la Liberación), p.465; y el "lenguaje de los seres de placer" (una oración para enseñar en todos los idiomas del mundo), p.510.

8. *Esta vida de ocio espiritual.* Se encuentra en la *Canción de Mi Vida Espiritual* del Maestro, f.309, entrada B80.

9. *Cuatro fuerzas*. El budismo enseña que hay cuatro fuerzas o antídotos capaces de eliminar el poder o el karma de cualquier acto negativo. La fuerza "base" consiste en pensar en quién fue ofendido por tu acto y en quien te apoyarás para purificarlo. La fuerza de la "destrucción" es un intenso sentimiento de vergüenza y arrepentimiento por el acto que, ciertamente, volverá a ti para perjudicarte. La fuerza de la "determinación" es decidir no reincidir en dicho acto. La fuerza "oponente" es implicarte en algún tipo de práctica espiritual –confesión, meditación o cualquier buena acción con la que atajar el poder de negativo–. Ver Pabongka Rimpoché, entrada B, f. 109 –113, 246–8.

10. *Adiestramientos extraordinarios*. Son: moralidad, concentración y sabiduría extraordinarias. Cada uno actúa como soporte del otro. Un discurso extenso sobre los tres se encuentra en los textos monásticos sobre la perfección de la sabiduría; ver por ejemplo una *Visión de la Perfección de la Sabiduría* por Kedrup Tenpa Dargye (1493–1568), f. 24a f.. Capítulo I, entrada B37.

11. *Incluso una vaca sabe cómo*. La cita pertenece al texto *Carta a un Estudiante*, escrita en el siglo XI. Aparece también en las *Etapas del Sendero Extenso*, de Je Tsong Khapa y en *Sendero Fácil*, del Panchen Lama. Ver f. 52a, bibliografía entrada B75; f. 183, entrada B76 y L17B, entrada B62, respectivamente.

12. *El mar no es mi problema*. La cita se encuentra en una enseñanza del Buda, donde se relata la historia de un rey de naturaleza serpentina, como amonestación a sus monjes por pelearse entre ellos. Estas populares líneas se encuentran también en las *Etapas del Sendero Extenso,* de Je Tsongkhapa; el *Sendero Fácil*, del Primer Panchen Lama (15677–1662); la *Palabra de Voz Gentil,* por el Quinto Dalai Lama (1617–16827); y las *Etapas de la Enseñanza*, un prototipo muy extenso de las *Etapas Extensas* compuesto por Gueshe Doelungpa. (c. 1100). Ver respectivamente f.316a, entrada B7; f. 197a, entrada B76; f.53b, entrada B26; f. 124a, entrada B62; y f. 170a, entrada B19.

13. *Devolver la amabilidad.* Esta frase se parece más a un proverbio que a una cita de las escrituras; las *Etapas de la Enseñanza* expresan un sentimiento muy similar en f. 295ª, entrada B19.

14. *Los dos objetivos últimos.* Hacen referencia a la culminación final de los objetivos propios y a la capacidad para ayudar a los demás a conseguir los suyos –dos cualidades sólo poseídas por un Buda. En el trabajo del Maestro Dharmakirti, compuesto en el siglo séptimo y titulado, *Comentario sobre la Percepción Valida*, se encuentran varias disertaciones acerca de estos dos objetivos. El primero se halla en la explicación de las líneas de apertura de este mismo trabajo en el que se ensalzan las cualidades del Buda. El otro aparece en el segundo capítulo, cuando el Maestro Dharmakirti se refiere a la alabanza del Buda del tratado original del Maestro Dignaga. Ver las versiones digitales de ACIP del texto raíz, f.94b y f. 112b f., entrada B28, así como el célebre comentario del estudiante de Je Tsongkhapa, Gyaltsab Je (1364–1432), ff.3b–4b y primeras secciones en 127b, 141b, y 166b, entrada

15. *Un destructor de enemigos.* El término "destructor de enemigos" se utiliza para referirse a aquellos seres que han obtenido el nirvana, puesto que, tal como Gueshe Doelungpa destaca en sus *Etapas de la Enseñanza* han destruido permanentemente el enemigo de las aflicciones mentales, (ver f. 374b, entrada B19). "Oyentes" y budas autorealizados" son aquellas personas que han obtenido el nirvana, pero aún no han entrado en el sendero mayor, el sendero de los bodhisatvas que trabajan para convertirse en Budas totalmente iluminados capaces de liberar a todos los seres. "Los oyentes" son llamados así porque pueden escuchar las enseñanzas del sendero mayor e incluso transmitirlas a los demás, aunque, de hecho, no las ponen en práctica. Los "budas autorealizados" no son budas verdaderos, sino que han logrado solo el Nirvana; son "autorealizados" en el sentido de que han obtenido dicho estado sin haber tenido que apoyarse en un Guía Espiritual en la vida presente; sin embargo, han tenido incontables Maestros en sus vidas previas. Ver ver-

sión digital de Kedrup Tenpa Dargye Capítulo I en ACIP, f. 79b–80a, Capítulo I, entrada B37; Je Tsongkapa, f.5a, entrada B82; y el Gran diccionario, p. 2659, entrada B49.

16. *El monasterio de Reting.* La cadena de eventos que rodea la composición de la *Montaña de Bendiciones* es extraordinaria. Muestran cómo esta breve súplica jugó un papel trascendente en la vida espiritual de Je Tsongkhapa y en la historia de la literatura budista. Se dice que gran parte de lo que Je Tsongkhapa dejó escrito, fue dictado por Manjushri, el de la Voz Gentil, el que representa la sabiduría de todos los seres iluminados, bajo la forma de un ángel. Je Tsongkhapa empezó a disfrutar de la comunicación con Voz Gentil a los treinta años. A esta edad, sin embargo, todavía era incapaz de percibir directamente al ángel, aunque podía preguntarle cosas a través de un mediador, un Lama llamado Umapa. La *Biografía Secreta de Je Tsongkhapa*, es un trabajo de su discípulo cercano Kedrup Je (1385–1438) y describe sucesos importantes de la vida interna del Maestro. Aquí leemos los detalles de una comunicación entre Je Tsongkhapa y Voz Gentil a través de Lama Umapa, como intermediario. Je Rimpoché expone las preguntas y el Ángel empieza su respuesta clarificando un amplio abanico de temas controvertidos relativos a la vacuidad. Seguidamente pasa a elucidar un número de temas difíciles relativos a las enseñanzas secretas. Tras un período de silencio, Je Rimpoché le dice: "Espera, todavía tengo más preguntas que debes responder, más puntos que no puedo entender". Y Voz Gentil responde:

> No olvides las respuestas que ya te he dado. Escribe un resumen de ellas. Hay tres prácticas pues que debes llevar a cabo, conságrate a ellas con una pasión insaciable.
>
> En primer lugar, debes ver a tu Lama y a tu elevado Ángel secreto como uno y lo mismo. Debes hacerles súplicas e intentar alcanzarlos. En segundo lugar, debes ejercer un constante y perfecto esfuerzo en la doble práctica de acumular la energía de los actos virtuosos y purificarte de la fuerza de las negatividades. En tercer lugar, debes usar el poder de tu intelecto

para investigar el significado verdadero de los grandes libros de budismo y seguidamente contemplar profundamente su significado.

Sigue estas tres prácticas, mantenlas durante un largo periodo de tiempo. Llegará un día, no muy lejano, en el que la semilla que he plantado en tu interior en esta hora florecerá. Luego lo entenderás todo perfectamente. (Entrada B15, p. 173).

A lo largo de su vida Je Tsongkhapa siguió estas tres prácticas, pero la atención particular que prestó a la súplica, a las oraciones para recibir bendiciones de los seres perfeccionados, Budas y Lamas es sorprendentemente evidente en los anales de sus escritos y en sus diversas biografías.

Es una de dichas súplicas, la que nos lleva a nuestro trabajo presente, la *Montaña de Bendiciones*. El tiempo es el verano de 1402, cuando el Maestro tenía cuarenta y seis años.

Tras pasar un fructífero verano en el Templo de Ar con su Maestro cercano y también discípulo, el sabio Sakya Jetsun Rendawa, Je Tsongkhapa viaja a Reting ("Al norte" de Lhasa). Él ya ha estado allí una vez antes atraído por ese gran monasterio tan lleno de la historia de dos de los padres fundadores del budismo del Tíbet: Atisha el Noble y su hijo espiritual Dromtom Je (El Victorioso, mencionado en el texto) Esta conexión la describe Kedrup Je en su extensa biografía, (entrada B14, p.82)

En Reting, Je Tsongkhapa entra en retiro a pies del despeñadero del león. Encima de su cuartel hay una estatua del Noble Atisha. Un día el Maestro se arrodilla delante de la imagen, pone en práctica las palabras de Voz Gentil y suplica a los Lamas del pasado.

La oración que hizo Je Tsongkhapa aquel día aún existe y se puede encontrar en sus trabajos reunidos bajo el nombre de la *Puerta al Sendero más Elevado*. La petición se dirige a los Lamas de las instrucciones sobre las *Etapas a la Budeidad* y se divide principalmente en tres partes.

La primera parte es una súplica a los Maestros del linaje del deseo de obtener la Iluminación, empezando con el Buda mismo, continuando con el Amoroso, el Maestro indio Asanga, siguiendo hasta los grandes Lamas tibetanos de la época de Je Rimpoché. La tercera parte es una oración similar dirigida a los Maestros del linaje de la Comprensión Experiencial de la vacuidad, de nuevo empezando por el Noble Buda, pasando después a Voz Gentil, al incomparable Nagarjuna y a las generaciones posteriores. La segunda parte entre estas dos no es otra que la *Montaña de Bendiciones*, la *Fuente de toda mi Bondad.* Je Tsongkhapa termina su oración y, de pronto, le asalta una visión que, según la *Gran Biografía,* de Gyalwang Lobsang Trinley Namgyel (1830) continua durante un mes entero. (Ver entrada B67, pp. 266–271.) Ve a todos los Lamas del linaje cara a cara y recibe una bendición muy especial de uno de ellos en particular.

La escena está registrada en un grupo tradicional de quince pinturas en forma de pergaminos que ilustran la vida del Maestro y es conocida como *Los Ochenta de Tsongkhapa.* Encontramos la descripción del evento en el pergamino de los trabajos del gran Jamyang Shepey Dorje (1648–1721):

> Y luego el Noble Atisha se acercó al maestro, le puso la mano en la cabeza y le dijo: lleva a cabo poderosos actos en beneficio de las enseñanzas y yo mismo te ayudaré a conseguir la Iluminación y a ver satisfechas las necesidades de todos los seres conscientes". (Entrada B32, p. 13b.)

Inmediatamente después de la visión un número de eruditos y discípulos se aproximaron a Je Tsongkhapa y le pidieron que escribiera una exposición detallada de cómo alcanzar la perfección. Sonrojado por la promesa del Noble Atisha, el Maestro entró en retiro y allí, en Reting, completó su obra magna –*El Lam Rim Chenmo* o las *Etapas Extensas del Sendero a la Budeidad*– el libro más renombrado de todo el budismo tibetano.

Su comprensión es ahora total y la semilla plantada por Voz Gentil floreció tal como él anunció, ya que Je Tsongkhapa había seguido el consejo del ángel componiendo una súplica perfecta: una *Montaña de Bendiciones*. El poder de esta oración fue reconocido a lo largo de generaciones de Lamas desde entonces, y explica el motivo de que se use como preparativo para las prácticas secretas. Tal como revelan las líneas finales de la presente explicación del trabajo, Pabongka Rimpoché también las impartió como un preliminar para una iniciación tántrica.

17. *Los dos senderos más elevados*. Son los senderos de las enseñanzas públicas y secretas del budismo. El sendero que es "común" o compartido por ambos, lo configuran los logros espirituales de las *Etapas a la Budeidad* pues son necesarias para tener éxito tanto en los senderos públicos como en los secretos. La cita es de Je Rimpoché en las *Etapas Breves del Sendero*, entrada B80, p. 312.

18. *Echarte a perder*. La fuente de la cita original no se ha encontrado. El Quinto Dalai Lama, Su Santidad Ngawang Lobsang Gyatso (1617–1682), fue un extraordinario erudito y organizador del budismo. En Tíbet se le conoce como el "Gran Quinto". Es famoso por haberle conferido al palacio del Pótala la forma actual; por sus escrituras sobre un amplio abanico de temas tanto laicos como filosóficos y por sus visiones especiales y dominio de las enseñanzas secretas.

19. *Nada hay que no sea una enseñanza*. La línea se encuentra en un trabajo titulado Selecciones de Dromtom Je y está citando las líneas de Dromtom Je que aparecen en *Las Etapas Extensas*, de Je Tsongkhapa (ver f. 92, entrada B23). Aquí y en el *Regalo* de Pabongka Rimpoché, la cita sirve para enfatizar el hecho de que los practicantes avanzados ven toda la enseñanza del budismo como algo internamente consistente, f. 1 la, entrada B76, y f. 43b–44a, entrada B55.

Ninguna de estas tres ocurrencias de la línea incluyen la parte que empieza con "para el Padre", ni tampoco está presente en la cita tal y como lo está en el texto de las *Etapas,* del Gran

Quinto Dalai Lama , f. 4b, entrada B26. El sentido no obstante encaja en el contexto de las Selecciones y el uso tradicional de la referencia.

La palabra traducida aquí como "envolviendo la totalidad de las enseñanzas como uno sola" puede leerse expresado de diferentes maneras tal y como señala Pabongka Rimpoché mismo en el *Regalo*. Literalmente el texto habla de "usar todas las enseñanzas como un cuadrado". La interpretación que da finalmente Rimpoché es la de una alfombra tibetana cuadrada, que tiene cuatro esquinas. Es decir, cualquier enseñanza de las Etapas del sendero, contienen en ella toda la enseñanza del Buda, proporcionando una presentación abreviada fácil de utilizar por cualquiera que desee la Iluminación total.

El gran Drom Tompa (1005–1064), cuyo nombre completo era Dromtom Gyalway Jungne, fue el discípulo más lamoso del Noble Atisha (982–1052), el mismo progenitor ilustre de la enseñanza de las Etapas en Tíbet. Drom Torn también fundó el gran monasterio de Reting, lugar donde Je Tsongkhapa escribió la Montaña de las Bendiciones

20. *Un rosario de oro y joyas*. La fuente original de la cita no ha sido encontrada; también sale en el comentario de Pabongka Rimpoché, los *Tres Senderos Principales* (versión inglesa, pagina 48, entrada B119.) "Los tres niveles" se refiere a los tres niveles de motivación para practicar las Etapas del sendero: escapar de los tres reinos inferiores, escapar de todo el sufrimiento y obtener la Iluminación total para ayudar a todos los seres conscientes. "Los tres conjuntos" son las tres secciones de la palabra de Buda: "El conjunto de la moralidad prometida" dedicada principalmente al adiestramiento en moralidad; el "conjunto de sutra" relacionado principalmente con el adiestramiento en concentración; y el "conjunto del conocimiento más elevado", consagrado al adiestramiento en sabiduría. Ver el *Regalo de la Liberación* de Pabongka Rimpoché, f. 17b, entrada B55 y *Visión de la Perfección de la Sabiduría,* de Kedrup Tenpa Darg-

ye, en f.25a, entrada B37. "Los Que Guardan" se explican en la nota 29.

21. *Estas Etapas son, con diferencia, superiores.* Pabongka Rimpoché en su, *Regalo de Liberación*, describe las "tres cualidades extraordinarias" tal como sigue. Los trabajos de las Etapas del sendero son (1) plenamente completos, en el sentido de que no tienen carencias pues presentan de manera concisa el contenido global de la enseñanza del Buda, tanto pública como secreta. (2) Son fáciles de practicar ya que su punto principal consiste en explicar las diversas etapas para domar la mente. Finalmente, son de lejos (3) superiores a otras enseñanzas porque abrazan los sistemas de los dos grandes fundadores, Arya Nagarjuna y el Maestro Asanga, reforzados con las instrucciones del Lama Vidyakokila y del Lama Serlingpa respectivamente. (Ver f. 48b–50b, entrada B55.

Arya Nagarjuna (200 D.C??) es conocido como el fundador de las enseñanzas sobre la vacuidad y el Maestro Asanga (350 D. C) como el fundador de las enseñanzas sobre las actividades del bodhisatva. A lo largo del tiempo los linajes descienden hasta Lama Vidyakokila y Lama Serlingpa respectivamente para ser integrados más adelante en la persona del Noble Atisha. (982. 1054) cuyo nombre completo era Dipamkara Shri Jñana. El fue quien introdujo las enseñanzas de las Etapas del sendero al Tíbet y quien compuso la *Lámpara para el Sendero*, texto prototipo de este género. Ver entrada B72.

Los "cuatro tipos de grandeza" también aparecen en el *Regalo* de Pabongka Rimpoché. Las enseñanzas de las Etapas del sendero son magníficas porque: (1) permiten a una persona comprender que toda la enseñanza del budismo es consistente. Conducen a una persona al nivel donde (2) él o ella entiende todo lo que el Buda enseñó como algo que personalmente ha de ponerse en práctica. (3) Ayudan a una persona a discernir con claridad la intención última del Buda en cada una de sus enseñanzas y, por tanto, (4) le protegen del Gran Error, es decir, pensar que algunas de las instrucciones del Buda son mejores que otras. Ver f.42a–48b, entrada B55.

22. *Entremezcla los 84.000 Dharmas extensos.* Tradicionalmente se dice que el Buda enseñó 84.000 grandes conjuntos de escrituras, un conjunto para cada una de las variantes de nuestras aflicciones mentales y hábitos perniciosos. Existen diferentes posturas acerca de la cantidad exacta de enseñanzas contenidas en cada uno de estos conjuntos; desde el punto de vista del sendero mayor, cada uno de ellos consta del número de páginas que se podrían escribir con la cantidad de tinta que el gran elefante mítico, Rabten, puede cargar sobre su espalda. Ver el comentario del Primer Dalai Lama respecto a la *Casa del Tesoro del Conocimiento*, f.26B, entrada B20.

23. *Esta es la perfección.* El verso se encuentra en el *Sutra Corto sobre la Perfección de la Sabiduría*, entrada B105, f. 206a. Es considerado el origen último de la expresión "Etapas del sendero" y viene citado en las *Etapas Extensas* de Je Tsongkhapa, así como en la propia obra maestra de Pabongka Rimpoché sobre estas *Etapas* y el comentario a los *Tres Senderos Principales*. Ver respectivamente f.lOb, entrada B76; f. 334b, entrada B55; y f.8b, entrada B54 (p. 49 en la versión inglesa, entrada B119).

24. *Los cinco grandes clásicos.* Son los cinco grandes textos del antiguo budismo, estudiados y debatidos en los principales monasterios tibetanos incluso en la época de Je Tsongkhapa. Tal y como se menciona en su *Gran Biografía*, son las Joyas de las Experiencias del Amoroso que fueron entregadas al Maestro Asanga (335) por el Amoroso mismo; *Entrar en el Camino Medio*, del Maestro Chandrakirti (650 AD); La *Casa del Tesoro del Conocimiento*, del Maestro Vasubhandu (335AD); *Abreviación de la Moralidad Comprometida*, del Maestro Gunaprabha (500AD) y el *Comentario sobre la Percepción Válida* del Maestro Dharmakirti (630AD). Ver biografía en p. 143, entrada B67; para los cinco clásicos, ver respectivamente las entradas B52, B96, B71, B102 y B28.

25. *Barridos por el viento.* La fuente original de la cita no se ha encontrado. El "Gran Quinto", tal y como explica la nota 18 es Su Santidad el Quinto Dalai Lama.

26. *En especial el cuerpo mágico.* El Maestro y traductor de Taktsang, Sherab Rinchen (nacido en 1405) fue uno de los principales eruditos de la tradición sakya de budismo tibetano. La cita se encuentra en el folio 4 de su elogio a Je Tsongkhapa, en la entrada B109. Las líneas aparecen también en el *Regalo de la Liberación* de Pabongka Rimpoché y en el renombrado, *Estudio de las Escuelas de Filosofía* de Tuken Lobsang Choky Nyima (1737–1802). Ver folio 301a, entrada B55 y pp. 300–301, entrada B64. Las líneas que empiezan a partir del "sendero del diamante" se refieren a las enseñanzas secretas del budismo.

27. *Siempre inmaculadas.* Mikyo Dorje (1507–1554) fue el Octavo Karmapa, cabeza espiritual del linaje Karma Kagyu del budismo tibetano y escribió una gran cantidad de temas distintos. El verso donde alaba a Je Tsongkhapa se encuentra en los folios 4b–5a entrada B74.

28. *Es una tradición pura.* Gyalwang Kelsang Gyatso (1708–1757) fue el Séptimo de los Dalai Lamas. Las líneas citadas aparecen en su tratado de adiestramiento mental que se halla en sus trabajos reunidos. En p. 475, entrada B12A.

29. *Los antiguos Guardianes de la Palabra.* Se refiere a los kadampas, un grupo de inspirados eruditos y meditadores budistas del Tíbet de antaño, datan del siglo XI. Su nombre significa literalmente "aquellos para los que cada letra de las enseñanzas (*ka*) se convierte en instrucción (*dampa*) inmediatamente relevante para su práctica personal". Los seguidores de la tradición de Tsongkhapa –los Guelugpa o del Sendero Virtuoso y linaje del *Paraíso del Gozo*– son conocidos como los nuevos Guardianes de la Palabra". Ver el *Regalo*, de Pabongka Rimpoché. Entrada B55, ff. 45b–46a.

30. *La gran consumación.* Esta y otras prácticas mencionadas pertenecen a las enseñanzas secretas del budismo.

31. *Te perfeccionas en cualquier otro aspecto.* La cita original no se ha encontrado; tampoco aparece en las enseñanzas secretas de Samputa a pesar de lo parecido del título. Para este último ver entrada B98.

32. *Depende del Guía Espiritual.* Estas palabras, pronunciadas por el Buda mismo, se encuentran en el folio 200a. Ver Acip. Entrada B105

33. *Sírvele de manera unipuntualizada.* Ver de nuevo B 105, esta vez en folio 205b–206a. Ver Acip

34. *Pídele todos tus objetivos.* Las líneas se encuentran en una carta consejo de Tsongkhapa a un tal Yonten Gyatso, del distrito de Tulung. Ver p. 613, entrada B77.

35. *Los tres adiestramientos.* Son los adiestramientos excepcionales en moralidad, concentración y sabiduría. La cita original de la *Joya*, de Maitreya, se encuentra en el folio 20a–20b. La importancia de las cualificaciones del Lama la indica el hecho de que las mismas palabras se citan otros trabajos como Las *Etapas Extensas*, de Je Tsongkhapa; el *Sendero Fácil*, del Primer Panchen Lama; el *Regalo de la Liberación*, de Pabongka y su comentario de los *Tres Senderos Principales.* Ver respectivamente f.23a de entrada B76; f.9a entrada B62; f. 134b entrada B55; y f.6a entrada B54 (p.41 de traducción al inglés, entrada B119).

36. *Empiece a florecer.* Las líneas se encuentran en una carta de consejos escrita por Je Tsongkhapa donde expone un buen número de cuestiones él mismo y las responde en forma de profunda instrucción. Es interesante hacer notar que este es el trabajo final de un gran conjunto de trabajos menores del Maestro, cuyo primer titulo es la *Montaña de Bendiciones.* Ver p. 740, entrada B86.

37. *Las nueve actitudes.* Todas ellas se mencionan en las *Etapas Extensas*, de Je Tsongkhapa en f. 27b, entrada B76 y se enumeran en el *Sendero Fácil*, del Primer Panchen Lama. El sutra original incluye repetidas y exquisitas descripciones de éstas y similares actitudes a cultivar en relación con el Lama. Ver especialmente el segundo volumen, f.229b–230a, y la sección entera

desde f.225 a 250, entrada B44. Las nueve actitudes enseñadas en el sutra son estas:

1. Como un hijo obediente, deja tu propia voluntad y conságrate a tu Lama.
2. Como un diamante, se sólido en tu devoción a él o ella y no permitas que amigos o familiares interfieran.
3. Como la tierra misma, acepta cualquier trabajo que tu Lama pueda encomendarte.
4. Como las grandes montañas en los confines del mundo, permanece inamovible en tu servicio, sin importarte los problemas que vengan.
5. Como un criado, lleva a cabo cualquier trabajo que te solicite, sin evadirlo, por desagradable que sea.
6. Como el polvo en la tierra, busca la posición más inferior, abandona todo orgullo, toda pretensión, toda soberbia.
7. Como un robusto vehículo, aborda cualquier trabajo que te encomiende tu Lama.
8. Como un perro leal, no te enfades, aunque el Lama te regañe o menosprecie
9. No importa que tengas que ir aquí o allá en servicio a tu Lama, hazlo deseoso, como un barco que nunca se queja.

38. *Cincuenta versos sobre los Lamas.* Una descripción clásica de devoción al Lama escrita por el Maestro budista indio Ashvagosha (100 AD). Ver entrada B34.

39. *Los tres reinos inferiores.* Según el budismo hay seis tipos diferentes de renacimiento: nacer como un ser infernal, como un espíritu ansioso, como un animal, como un humano, como un ser de placer casi completo y como un ser de placer completo. Los tres primeros tipos de nacimientos son conocidos como los tres reinos inferiores. Los seres de placer disfrutan de vidas extremadamente largas en un paraíso temporal y luego, normalmente, caen en un infierno tras agotar su buen karma.

La presentación clásica de los seis renacimientos se encuentra en el tercer capítulo de la *Casa del Tesoro del Conocimiento* del filósofo budista del siglo cuarto, Vasubhandu; un comentario típico sería el del primer Dalai lama, Gyalwa Gendun Drub (1391–1474). Ver entrada b71, f.7a–10b y entrada b20, ff.73b–108a.

40. *Haber nacido como humano*. La fuente clásica que describe los dones espirituales está en el *Nivel de los Oyentes*, una de las divisiones principales del texto de los *Niveles de los Practicantes*, escrito por el sabio budista indio Asanga en el siglo IV, f. 3b–4a entrada B38.

41. *Actos negativos inmediatos*. El budismo habla de cinco actos negativos tan malignos que le conducen a uno al infierno en la vida siguiente. Estos actos son, de mayor a menor gravedad: causar un cisma entre la comunidad de monjes; intentar matar a un Buda; matar a alguien que está en el nirvana; matar a la madre y matar al padre. Un discurso completo de los cinco se encuentra en el capítulo cuarto del *La Casa del Tesoro del Conocimiento*, del Maestro Vasubhandu y en comentarios como el de Jampe Yang de Chim. Ver entrada B71, f. 14b–15a y entrada B30, f 240b–246a.

42. *Disciplinar la propia mente*. El conjunto de la disciplina o moralidad comprometida es, de hecho, una de las tres secciones del canon budista original. Todas las escrituras, no obstante, coinciden en señalar la importancia absoluta del comportamiento moral. Para una descripción de los tres conjuntos ver nota 20.

43. *Para beneficio de los demás*. De nuevo, la fuente original, en prosa, corresponde al *Nivel de los Oyentes*, del Maestro Asanga. Ver ff.4b–5a, entrada B38.

44. *Los cuatro resultados*. Los cuatro frutos del "sendero de la virtud" que en este caso se refiere a la percepción directa de la ausencia de entidad, son: obtener el estado de destructor de enemigos; de aquel que nunca volverá a renacer en este reino del deseo; de aquel que debe tomar una vez más renacimiento

en el reino del deseo; de aquel que ha "entrado en la corriente" –un ser que por su experiencia de la ausencia de entidad, se dirige claramente hacia la libertad–. Estos cuatro estados se presentan en los capítulos segundo y sexto de la *Casa del Tesoro* del Maestro Vasubhandu, junto con el comentario del Primer Dalai Lama. Ver entrada B71, f.4b, 20b; y entrada B20, f. 48b–50a, 175b– 176a.

45. *Incluso el monje Udayi.* Este monje era uno de los miembros del circulo interno del Buda que al cometer una serie de actos negativos, provocó la creación de un número de normas para los monjes. Ver el Diccionario de Sánscrito Budista del Profesor Edgerton entrada B114, en las páginas 128–129. También en trabajos del primer Dalai Lama y Jampa Jang de Chin f. 10a, entrada B20 y f. 1 Ib, entrada B30, respectivamente. Este mismo concepto de Udayi y su posesión de dones espirituales de los que nosotros carecemos, se encuentra también en el *Regalo* de Pabongka Rimpoché. f. 157b, entrada B55.

46. *Fundamento de la Palabra sobre la moralidad Comprometida.* Es uno de los cuatro famosos sutras explicativos acerca del tema de la moralidad comprometida. Un exquisito pasaje suyo empieza así:

> Y luego, el Noble Buda tocó el suelo con la punta de su preciosa uña, la levantó y la mostró a la asamblea de monjes. El dijo: ¡Monjes; ¿Qué creéis? ¿Qué hay más: átomos de polvo en mi uña o átomos de polvo en todo el planeta tierra? Los monjes respondieron: ¡Oh Reverendo, Oh Conquistador! Los átomos de polvo de la punta de tu preciosa uña son menos, ciertamente menos, ciertamente muchísimos menos, infinitamente menos. Si se comparan con los átomos de polvo en este mundo no sumarían ni cien, ni mil, ni cien mil, ni ninguna fracción en absoluto, ninguna parte, ninguna parte contable; no existe comparación, no existe en absoluto base alguna para comparar.
>
> El Conquistador habló de nuevo:

Monjes; Pensad en el número de átomos de polvo que cubren el planeta entero: esto representa el número de seres que están en el infierno y que, después de fallecer, migrarán de nuevo a los infiernos. Pensad de nuevo en el número de átomos de polvo que caben en mi uña: éstos representan el número de seres que están en el infierno ahora y que, después de fallecer, migrarán al mundo de los humanos.

El Buda continua con una descripción similar para referirse a los otros tipos de renacimientos –incluyendo a los humanos que renacen como seres infernales (tantos como átomos de polvo hay en el planeta), al revés de cuántos humanos renacen como humanos (tantos como los átomos de polvo en su uña). Esta presentación aparece en varios de los libros que tratan de las *Etapas a la Budeidad*; ver los de Je Tsongkhapa, Pabongka Rimpoché y el Primer Panchen Lama (entrada B76, f.81a; entrada B55, f. 163b; y entrada B62, f. 3()a–30b, respectivamente).

47. *Una tortuga marina.* Estas líneas famosas se encuentran en la carta del ser realizado, Nagarjuna, (200 AD) a su amigo Rey Udayibhadra. Ver entrada f.43b, entrada B6, como en p. 92 de la traducción al inglés, entrada B118.

48. *El Guardián del Diamante.* Este es el estado de la Budeidad tántrica conseguida en una vida.

49. *Como una manada de perros.* El original tibetano en este punto se refiere a "perros que circulan alrededor del talismán". Tradicionalmente, en casos de ciertas enfermedades provocadas por espíritus malignos, el Lama solía acudir a la casa del paciente para preparar un pequeño talismán o réplica que representaba al enfermo. A continuación, celebraba un ritual dirigido al talismán para ayudarle a deshacerse de esa influencia maligna. La figurita era moldeada con una masa suave y al final de la ceremonia, se sacaba al exterior de la casa y se la ponía en el suelo –donde los hambrientos mástiles tibetanos, normalmente esperaban para devorarla–. La imagen descrita es la de una manada de perros ansiosos esperando a que el asistente del ritual saliera con el talismán.

50. *Los tres principios de la muerte.* Esta presentación de la muerte aparece en muchos textos de las Etapas de la Budeidad y quedan resumidos en una nota de la traducción inglesa de *Las Enseñanzas Principales del Budismo* (el texto de los *Tres Senderos Principales*) de Je Tsongkhapa.

En su obra maestra, Un *Regalo de Liberación*, Pabongka Rimpoché señala seis beneficios a tener en cuenta como consecuencia de pensar en la muerte: tu práctica se vuelve pura; obtienes poder, estos pensamientos te ayudan a empezar a practicar; te ayudan a esforzarte en tu práctica; te ayudan a concluir tu práctica con éxito; y a la hora de la muerte te vas satisfecho, pues sabes que tu vida ha sido significativa.

El Rimpoché también enumera seis problemas derivados de no tener en cuenta la muerte: desperdicias tu vida religiosa y pasas tus días pensando sólo en qué comer y qué vestir –las distracciones inherentes a esta vida; consideras la muerte de vez en cuando pero siempre pensando que vendrá más tarde y por este motivo retrasarás tu práctica; o practicarás por una razón equivocada, pensando en tu reputación; practicas sin entusiasmo y lo dejas tras un tiempo; te hundes más en esta vida, tu actitud empeora y la vida empieza a herirte; cuando te llegue la muerte sentirás un intenso arrepentimiento por haber desperdiciado todos tus esfuerzos en la vida presente.

Los tres principios para mantener la muerte presente en tu mente constan de tres razones para cada uno, sumando un total de nueve. En primer lugar, la muerte es segura: ningún poder en el universo es capaz de evitar la muerte cuando ésta llega; es imposible añadirle más tiempo a tu vida, te acercas a la muerte cada minuto e incluso mientras vives, el tiempo libre de que dispones para tu práctica antes de morir es extremadamente limitado.

El segundo principio es que el momento de la muerte es del todo incierto. Estamos en una época y en un reino donde el espacio de vida es incierto; podemos estar completamente seguros de que nunca tendremos el tiempo suficiente para derrotar a todos nuestros enemigos, proteger a todos nuestros amigos y además completar nuestra práctica religiosa antes de morir. Las cosas que pueden matamos son muchas y las que pueden proteger nuestra vida son menos. Y, en general, el cuerpo que tenemos es frágil; una pequeña astilla en la mano puede infectarse y llegar a matamos; somos como una burbuja, como la llama de una vela en medio de un huracán.

El tercer principio es que, en el momento de la muerte, nada puede ayudamos excepto nuestra práctica espiritual. Ni tu dinero o pertenencias pueden ayudarte. Ninguno de tus amigos o familia puede ayudarte –pueden aferrarse fuertemente a tus brazos o a tus piernas, pero acabaras soltándote y partirás solo–. Ni siquiera tu propio cuerpo puede ayudarte –tienes que abandonar tu posesión más preciosa, tu estimado cuerpo junto con todo lo demás.

Estos tres principios pretenden despertar en nosotros tres determinaciones. Al saber que moriremos con toda seguridad, debemos determinarnos a empezar nuestra práctica. Al saber que podemos morir en cualquier momento, debemos dejar el trabajo mundano e inmediatamente empezar nuestra práctica , hoy mismo. Y, finalmente, puesto que al morir nada puede ayudamos, debemos consagramos sólo a nuestra práctica. Un viajero que ha de recorrer muchos kilómetros no llena su mochila con cachivaches innecesarios.

Los puntos mencionados están extraídos de trabajos sobre las Etapas del sendero del Noble Tsongkhapa (entrada B76, f.65–75) y los de Pabongka Rimpoché (entrada B55, f. 168–182). Para el último punto mencionado en el texto, la meditación sobre lo que es morir, citamos a Rimpoché directamente (f,182b–183a):

Lo intentan con todo tipo de tratamientos y rituales santos, pero tu condición empeora. Los médicos empiezan a engañarte. Tus amigos y familiares hacen comentarios animosos delante de tí, pero a tus espaldas ya van arreglando tus asuntos porque todos saben que vas a morir. Tu cuerpo empieza a perder su ardor habitual. Te cuesta respirar, los orificios nasales se bloquean, los labios se encogen. El color de tu rostro se desvanece. Los signos repulsivos empiezan a aparecer, dentro y fuera de ti.

Piensas en todas las cosas malas que hiciste en tu vida y deseas intensamente nunca haberlas cometido. No puedes estar seguro de haberte desembarazado totalmente de ellas cuando las confesaste, en realidad, ni siquiera estás seguro de haber hecho algún acto realmente bueno en tu vida.

Luego viene el dolor final, el inexpresable dolor que acompaña a la muerte. Los bloques básicos con los que se ha construido tu cuerpo se están derrumbando como un dominó; imágenes catastróficas y alucinaciones aterrorizantes te ciegan, llenan tu mente y te arrastran. El mundo en el que has vivido se apaga. Alguien recoge tu cadáver, lo envuelve en una sábana y lo aparta en un rincón. Cuelgan una cortina para esconderlo. Alguien enciende una velita tenue y la deja allí. Si eres uno de aquellos Lamas reencarnados, te visten con hermosas ropas de ritual e intentan darte una buena apariencia.

Precisamente ahora estamos yendo de un lugar a otro para arreglamos una bonita casa, tener suaves ropas y cómodas sillas. Pero todos conocéis la costumbre de aquí, en Tíbet, cuando mueres te atan tus brazos y piernas al pecho con una cuerda de cuero, te llevan lejos de la ciudad y te tiran desnudo contra las rocas.

Precisamente ahora estamos yendo a casa, para prepararnos algo agradable que comer –pero ha de llegar el día en que rogaremos poder probar aquellos pasteles que son ofrecidos a los espíritus de los muertos. Precisamente ahora tenemos un gran nombre –nos llaman doctor, profesor, respetado Señor o Su Reverencia–, Pero llegará el día en el que al mirar nuestro cuerpo sólo puedan llamarnos "cadáver apestoso". Llegará un día en el que el título que precederá tu nombre sea "el finado" o "Aquel que se llamaba..."

Por tanto, ahora cuando vosotros, respetados Lamas de la audiencia, miráis vuestras ropas de ritual pensad que estas ropas serán las que vistan vuestro cadáver después de muertos. Y a todo el resto de la audiencia, cuando miremos nuestras sábanas antes de acostarnos, recordemos que son las que amortajarán nuestros cuerpos apestosos cuando muramos. Tal y como dijo Milarepa:

> Aquel cadáver atemorizante del que hablan es el mismo cuerpo que tu vistes, meditador

Con estas palabras nos insta ver en nuestro propio cuerpo, el cadáver futuro.

51. *Nada a excepción del Dharma.* La fuente original de la cita no ha sido encontrada. El consejo es para él mismo, ya que el nombre completo del Maestro Buton era Rinchen Drup (1290–1364) Él fue un erudito consumado tanto de las enseñanzas públicas como de las secretas, y Je Tsongkhapa se sintió muy influenciado por sus escritos y por sus discípulos directos. Buton Rimpoché también jugó un importante papel en la organización de la traducción tibetana del canon budista.

52. *Evita luego cualquier acto malo.* Padampa Sangye (1117?) fue un Maestro indio budista que ayudó a introducir las enseñanzas en el Tíbet y, en particular, inició el linaje de una práctica llamada "Terminar con el Sufrimiento". Estas líneas se encuentran en un grupo de consejos dirigidos a los tibetanos de una zona denominada Tingri. Ver f.3a, entrada B40.

53. *Dirigid vuestros pensamientos hacia el Dharma.* Este pasaje pertenece al mismo trabajo que el precedente; ver 1.4a, entrada B40.

54. *Ochenta de sus vidas previas.* La fuente de la cita original no se ha encontrado. Bodong Rimpoché (Bodong Panchen Chokle Namgyal (1375–1450) fue uno de los escritores más prolíficos en la historia del budismo. La colección de sus trabajos abarca no menos de 137 volúmenes. Ver entrada B48.

55. *Nada puede evitar que florezcan las consecuencias.* Estas líneas son de las más conocidas en toda la literatura budista. Fueron pronunciadas por el propio Buda y aparecen en los sutras sobre la moralidad comprometida como una especie de proverbio –por ejemplo en las *Divisiones de la Moralidad Comprometida* y en la *Palabra de Fundamento*, ver entrada B42, primer volumen, f.l27a, 177a y 276b; en la entrada B43, primer volumen, f.41a, 44b–45a, 90a–90b, y en el famoso *Sutra del Juego Cósmico*, ver entrada B21, f.203a.

La importancia de este concepto: que el poder de un acto no puede desvanecerse una vez se ha cometido, lo indica el hecho de que muchos de los antiguos Maestros indios incluyen estas líneas en sus comentarios filosóficos. El Maestro Nagarjuna, por ejemplo, alude a ellas en su *Texto Raíz sobre la Sabiduría* y en *Mas allá de Todo Temor*. El Maestro Bhavya (490–570AD) las comenta en su célebre El *Fuego del Razonamiento*, y también lo hace el Maestro Avalokitavrata en su *Comentario Extenso a la Lampara de la Sabiduría*. El renombrado Chandrakirti se refiere a la cita en su *Aclaración de la Palabra*, en su *Comentario a los Cuatrocientos Versos* y en su *Comentario a los Setenta Versos sobre la Vacuidad*. Aparece asimismo en la explicación del mismo trabajo por el Maestro Parahita. Ver, respectivamente, la entrada B4, f.lOa; entrada B3, f.67a; entrada B104, f. 184b; entrada B47, f.264a; entrada B95, ff. 107a y 126b; entrada B94, f,150b; entrada B93, f314a; entrada B92, f.355a.

En Tíbet, tanto el verso como la idea que lo inspira han sido considerados indispensables y se citan en un gran número de trabajos sobre las Etapas del Sendero. Ver por ejemplo los tratados de Gueshe Doelungpa, Je Tsongkhapa, el Primer Panchen Lama y el propio Pabongka Rimpoché, en entrada B19, ff.55a–55b; entrada B76, ff.l06b y 129a; entrada B62, f.59b; y entrada B55, f.230a.

56. *Mantén siempre tu confianza.* La fuente original de la cita no se ha encontrado. Está escrita en un dialecto local muy an-

tiguo, pero el significado parece correcto. Para información sobre el autor ver nota 54.

57. *Solo el Omnisciente lo sabe.* Las líneas se encuentran en el cuarto capítulo de *La Vida del Bodhisatva*, un célebre manual para los aspirantes a santos del siglo octavo. Ver f. 8a, entrada B91.

58. *Aquello que puede otorgarla.* Los tres reinos inferiores descritos aquí son respectivamente: el mundo de los seres infernales, los espíritus ansiosos y los animales. Las Tres Joyas que pueden protegemos de ellos son el Buda, el Dharma y la Sangha. La Joya del Buda es definida como "Aquella fuente última de protección que ha alcanzado sus propios objetivos y goza de la capacidad para conseguir también los de los demás". La Joya del Dharma es: "El lado puro de la existencia, bien sea bajo la forma de cesación de todo sufrimiento o de sendero hacia este objetivo". La Joya de la Sangha, finalmente, se nutre de "Todos aquellos que están realizados" –es decir, la Comunidad integrada por todos los que han realizado la vacuidad directamente. Para una disertación lúcida sobre el acto de tomar refugio, ver Kedrup Tenpa Dargye, Análisis de la Perfección de la Sabiduría, f. 41b–52a, Segunda Parte, Capitulo I, entrada B36.

59. *Tenemos poco tiempo para vivir.* Las líneas del renombrado discípulo del Noble Atisha, se encuentran en un exquisito trabajo titulado Segunda Epístola dirigida a Shantrang Kaberchung–, en si misma una parte del famoso texto, *Tesoro Reunido de las Joyas Amadas*, grupo de enseñanzas de los Lamas kadampas. La cita aquí parece constar de dos partes diferenciadas en el texto, pero la intención, ciertamente es la misma. Ver pp. 105–106 de entrada B24, dentro de entrada B41.

60. *Sólo sentirás dolor.* Cita de la misma fuente que la anterior; ver entrada B24, p.108.

61. *La mejor simplificación.* La enumeración de los diez actos negativos (evitarlos sería incurrir en los diez actos positivos) son una abreviación burda de la multitud de acciones perjudiciales en las que podemos caer. Se incluyen tres que llevamos a

cabo con el cuerpo: matar, robar y mala conducta sexual. Las siguientes cuatro son: mentir, dividir, palabras duras y hablar en vano. Los tres finales son mentales: codicia, intención dañina y puntos de vista erróneos. La presentación clásica de los diez se encuentra en el "Capitulo de los Actos" del texto la *Casa del Tesoro del Conocimiento* del sabio del siglo IV Vasubhandu . Ver f. 13a–13b, entrada B71 y su comentario por el Primer Dalai Lama, f.l27a–127b, entrada B20.

62. *Voy a derrotarlos*. Estas líneas se encuentran en la presentación del Gran Quinto, sobre las Etapas del sendero, denominada *Palabra del Gentil*. En ella aparecen como un preludio poético de las secciones en prosa de la presentación del trabajo filosófico, un recurso propiciado también por Su Santidad el Primer Dalai Lama. Ver entrada B26, f.46b–47a.

"Las aflicciones mentales" son, esencialmente, los pensamientos negativos que constituyen la fuente básica de todo nuestro sufrimiento. Su característica primaria es alterar la paz mental. También lingüísticamente, su nombre en sánscrito, klesha, tiene una raíz verbal que significa "afligir". Aunque las aflicciones mentales son casi incontables, las seis principales son el deseo apego, el odio, el orgullo, la ignorancia, la duda perjudicial y las visiones erróneas. Ver *Raíz del Lenguaje Sánscrito,* del profesor Whitney, entrada B121, p.27 y *Revisión de la Perfección de la Sabiduría,* de Kedrup Tenpa Dargye, entrada B37, Capítulo I, f.73.

63. *Seis formas de vida*. Es decir, los seis tipos diferentes de renacimiento: ser infernal, espíritu ansioso, animal, humano, alguien que es casi un ser de placer, o un ser de placer completo. Ver también nota 39.

64. *Tres tipos de sufrimiento*. El ilustrado Kedrup Tenpa Dargye los explica así en su *Revisión de la Perfección de la Sabiduría*:

Lo que llamamos sufrimiento "impregnante" es la condición sutil del cambio, el hecho de que las partes físicas y mentales que hemos adoptado no pueden permanecer, sino que cambian a cada instante una vez entran en la existencia. El sufrimiento del cambio lo ilustra la sensación agradable del sabor de una buena comida. El sufrimiento del sufrimiento, el sufrimiento obvio, es, por ejemplo, la sensación de verse aquejado por un dolor de espalda.

Esta es otra buena razón para llamar al primero de estos sufrimientos "impregnante": es un tipo de dolor que impregna todo elemento producido por el karma y las aflicciones mentales y alcanza a los tres reinos de existencia cíclica. Además, este sufrimiento particular lo llevan también implícito los otros dos tipos. Ver f.70a en el primer capítulo de entrada B37.

65. *Eliminar el apego hacia el futuro.* La cita se encuentra en la página 585 del trabajo clásico sobre los puntos esenciales del budismo. En la versión inglesa, página 77.

66. *Eliminar el apego hacia esta vida.* También se encuentra en los *Tres Senderos Principales* del Maestro, entrada B87, p.585. Ver también p.61, entrada B119, en la versión inglesa.

67. *Linaje de la Palabra.* Las escuelas nueva y antigua de los Guardianes de la Palabra, los kadampas son explicadas en la nota 29. El Linaje de la Palabra es una traducción de la palabra Kagyu, el nombre de una de las cuatro grandes tradiciones del Budismo tibetano.

68. *No puedes asegurar que vivirás.* El Victorioso Yang Gonpa (1213–1258) fue un reconocido escritor de la antigüedad y practicante del budismo tibetano. Su notoriedad es debida a un grupo de trabajos denominados, "*El Ciclo del Ermitaño*". Fue uno de los padres fundadores del linaje "Drukpa" o "Dragon", de la tradición kagyu: el Linaje de la Palabra. En la traducción de los *Anales Azules*, del profesor George. N. Roerich, se encuentra un relato sobre su vida, se trata de una historia del budismo por Shunnu Pel, el Maestro y traductor de Gu, en entrada B117, p.688–692. No hemos encontrado la fuente original de éstas y las siguientes citas, pero esta primera también aparece en un trabajo del Primer Panchen Lama sobre los métodos para mantener la moralidad. Ver p.468, entrada B63.

69. *Se anima a sí mismo a perfeccionar su práctica.* Un catálogo de la región de Kokonor en Tíbet contiene dos referencias a un libro titulado *El Árbol Repleto de Fe: Ungiéndome a perfeccionar mi Práctica* y señala que fue compuesto por Drom Gyalway Jungne, también conocido como Dromton Je –discípulo principal del Noble Atisha–. Ver entrada B22, como en la pp. 91 y 632 en el catálogo TSEN señalado al principio de la bibliografía.

70. *Una casa de horrores.* Las líneas se encuentran en un trabajo pequeño pero hermoso, Una *Canción de Profundo Desespero*, perteneciente a un grupo de textos de adiestramiento mental del Séptimo de los Dalai Lamas. Ver p.487, entrada B12. La cita también se encuentra en El *Regalo de Liberación*, de Pabongka Rimpoché–, entrada B55, folio 264b.

71. *Nirvana, más allá de los dos extremos.* Se refiere al Nirvana que consigue un ser plenamente iluminado, un buda que elimina toda forma de obstáculo espiritual y así está libre del extremo de vivir en el ciclo de la vida de sufrimiento y del extremo de permanecer en un nirvana personal inferior. Ver el *Análisis de la Perfección de la Sabiduría* del gran Kedrup Tenpa Dargye, f.39a, Primera Parte, Capítulo I, entrada B36.

72. *Cantan alabanzas a la moralidad.* Las circunstancias en que fueron compuestas estas líneas de alabanza a la moralidad fueron especialmente felices. Je Tsongkhapa había enviado a uno de sus discípulos favoritos, Tsako Ngawang Drakpa, al este del Tíbet para dar enseñanzas y establecer nuevos monasterios. Tras la ordenación de los primeros monjes en el área de Gyalmo Rong, el discípulo escribió una carta al Maestro informándole del suceso. Estas palabras forman una hermosa epístola que Je Tsongkhapa envió como respuesta. Ver pp. 580–581 de entrada B83.

73. *Los diversos votos de la libertad.* Se refiere a los ocho tipos de votos encontrados en las escrituras budistas; tres son para los laicos y cinco para los monjes. En general, son denominados "los votos de la libertad" porque si se observan cuidadosamente, se puede alcanzar la libertad del nirvana. Quizás la

presentación más concisa y clara de ellos se encuentra en *La Esencia del Océano de Disciplina*, del propio Tsongkhapa. En entrada B88.

74. *Despedazar la vida*. Losang Choky Gyaltsen (15677–1662) fue el primero de los grandes Panchen Lamas y un renombrado filósofo, historiador y hombre de estado –así como Maestro del gran Quinto Dalai Lama– Las líneas se encuentran en un pequeño trabajo llamado: *El Néctar Divino para Exponer las Cosas Malignas que he cometido en el pasado y restaurar mi alud espiritual, apoyándome desde ahora mismo en los Antídotos a los Malos Actos*. Ver entrada B61, vol. 5 Pág 552.

75. *Llegaría hasta los límites del espacio*. Cita de una enseñanza del propio Buda (entrada B13). También se encuentra en el comentario de Pabongka Rimpoché a los *Tres Senderos Principales* y en numerosos trabajos sobre las Etapas del Sendero. Ver página 95–96 de la traducción inglesa del comentario, entrada B119.

76. *Reverdece incluso más*. las líneas se encuentran en (f.2b) el manual clásico para los bodhisatvas de Shantideva, el *Bodhisatvacaryavatara*, entrada B91.

77. *Aquellos grandes seres que meditan*. Los versos son de la Lampara para el Sendero, el famoso prototipo de los textos tibetanos sobre las *Etapas a la Budeidad*. También son citados en el antiguo texto, Etapas de las Enseñanzas de Gueshe Doelungpa. Ver f.240a, entrada B72 y f.346b, entrada B19.

78. *El deseo de obtener la Iluminación es el pilar central*. El verso aparece en las *Canciones de Mi Vida Espiritual*, de Tsongkhapa. Ver entrada p 310, entrada B80.

79. *Sigue dichos métodos*. Los textos de las *Etapas a la Budeidad* señalan que el gran deseo por la Iluminación puede crecer igual usando cualquiera de los dos métodos mencionados. La "instrucción en siete partes de causa y efecto" llega hasta nosotros desde el Noble Buda, a través de Maestros como Chandrakirti, Chandragomin y Santarakshita. Esta práctica lleva implícito el paso preliminar, que consiste en desarrollar un sentimiento de

neutralidad hacia todos los seres; el último de los siete puntos es el resultado de los seis primeros. Son estos:

1. Reconocer que todos los seres han sido tu madre en vidas pasadas
2. Contemplar la amabilidad que te han brindado
3. Desarrollar el deseo de devolvérsela
4. Descubrir un tipo de amor en el que, cada ser nos parezca tan encantador como un hijo único a los ojos de su madre
5. Sentir una fuerte compasión hacia ellos y el deseo de que puedan escapar de todo dolor
6. Tomar la determinación de ayudarles a escapar, por medio de tu propio esfuerzo personal y por cualquier otro método que sea necesario
7. Todo ello te lleva entonces al deseo de alcanzar la Iluminación para beneficio de todo ser consciente.

La práctica de "Cambiarse con los demás" nos llega desde el Buda y del Maestro Shantideva. Significa reemplazar la preocupación dirigida hacia uno mismo por preocupamos del bienestar de los demás. Ambos métodos se combinan en las enseñanzas del Noble Atisha, Je Tsongkhapa y los Lamas de su linaje. Ver El *Regalo de la Liberación* de Pabongka Rimpoché, ver entrada B55, f.300a f.

80. *Las seis perfecciones.* Las seis perfecciones budistas son la generosidad, la moralidad, controlar el odio, disfrutar con los buenos actos, la concentración meditativa y la sabiduría. Una fuente principal de estas seis se encuentra en el texto *Entrar en el Camino Medio,* del Maestro Chandrakirti con capítulos dedicados a cada una de ellas. Ver entrada B96.

81. *Evitar los diez actos negativos.* Ver nota 61 para los diez

82. *Tres grupos tradicionales.* Los votos de la libertad han sido planteados antes; ver nota 73. Los votos del bodhisatva consisten en dieciocho votos raíz y cuarenta y seis de secundarios, en los que uno se compromete a servir a los demás. Los votos

secretos se toman con el objetivo de obtener la Iluminación en esta vida para beneficio de todos los seres conscientes. Ver El *Regalo de la Liberación* de Pabongka Rimpoché, entrada B55, f.383b.

83. *Acumular mérito y sabiduría.* Estos dos grandes grupos de buenos actos y conocimiento en la corriente mental actúan como causa para obtener tanto la forma física como el estado omnisciente de un Buda. Ver el comentario a los *Tres Senderos Principales,* de Je Tsongkhapa, entrada B54, f.4a. Traducción inglesa en entrada B119, página 36.

84. *Cinco problemas a la meditación'.* Los textos sobre las *Etapas a la Budeidad* describen con detalle los cinco problemas que suceden cuando una persona intenta desarrollar la concentración perfecta, conocida como quietud meditativa. Estos cinco son contrarrestados por ocho antídotos y dirigen al meditador a través de nueve estados diferentes, por medio de las cuatro maneras o empeños. *Separar el Medio y los Extremos*, es uno de los trabajos que en el siglo IV Maitreya, el buda futuro, entregó a Asanga. Esboza estas partes integrantes de la meditación de manera breve y sirvió como fundamento para presentaciones posteriores. Ver entrada B51, f.41a.

El primero de estos problemas es la "pereza", carecer de motivación para sentarse e intentar desarrollar la concentración perfecta. Es contrarrestado por los primeros cuatro antídotos. Aquí la práctica se inicia desarrollando: (1) "fe" que significa tener una comprensión clara de los beneficios de la concentración. Una vez, es consciente de estos beneficios, el meditador (2) "aspirar a conseguirlos", ello le proporciona el ímpetu para generar (3) "un gran esfuerzo". El resultado de estos tres es una especie de (4) "flexibilidad" física y mental que le permite meditar fácilmente. Entonces, practicar meditación se vuelve placentero, lo cual constituye un antídoto natural a la pereza inicial para empezar a meditar.

El segundo de los problemas que probablemente surgirá en la meditación es "olvidar las instrucciones", que aquí se refiere a perder el objeto de meditación elegido. El antídoto es "recordar" o estar atento, que significa intentar mantener la mente sobre el objeto como se sostendría una cuerda para evitar que se escurriese de entre las manos.

Sólo ahora, una vez el objeto ha sido atrapado por la mente, puede tener lugar el tercer problema: el hundimiento y la excitación o agitación. El hundimiento es una pesadez de cuerpo y mente. En su forma burda, uno logra fijar la mente sobre el objeto pero no hay claridad –el sentimiento brillante y enfrascado que se goza, por ejemplo, con la lectura de un buen libro–; en la forma sutil de hundimiento uno disfruta, tanto de la fijación como de la claridad, pero dicha claridad carece de intensidad. Esto último lleva al error quizás más común en meditación, caracterizado por largos períodos de hundimiento, en que la mente está enfocada, aunque empañada, un sentimiento borroso, fácilmente confundido con la concentración real.

La excitación o la agitación, la segunda forma del tercer problema, ocurre cuando la mente se distrae por culpa de un objeto atractivo. El antídoto para ambos es la "vigilancia" que, sencillamente, significa observar la propia mente para detectar cuando uno cae en el hundimiento o en la excitación.

Aunque la vigilancia pueda detectar un problema en la meditación se puede fallar si uno no reacciona después de la alarma dada por la vigilancia. Este sería el cuarto problema. Se supera pasando a la acción intensificando la atención sobre el objeto en el caso del hundimiento sutil y aflojando cuando la intensidad es demasiada y causa la excitación o agitación. La idea es mantener la tensión adecuada, como afinar una guitarra; las cuerdas no deben estar demasiado flojas ni demasiado tensas. El antídoto yace en ambos lados del problema, aplicando el que sea necesario, como el conductor de un coche que constantemente corrige el volante de izquierda a derecha para mantenerse en línea recta.

En un momento dado empieza a fluir la concentración en línea recta, por sí misma. Es entonces cuando el quinto problema puede ocurrir: el error de corregir cuando no hay razón para ello. El antídoto natural a este problema –el octavo– es dejar las cosas en su forma natural. El meditador pasa a través de nueve etapas diferentes durante el proceso:

1. Fijar la mente: momentos de fijación sobre el objeto, sin continuidad. Se pasa más tiempo separado del objeto que en el objeto
2. Fijar la mente continuamente: la habilidad de mantener la mente sobre el objeto durante un período continuado

Durante estas dos etapas la mente está en la primera de las cuatro maneras o empeños: sólo se enfoca o implica con el objeto por medio de un esfuerzo consciente.

3. Fijar la mente aplicando parches: La mente se mantiene sobre el objeto durante períodos más extensos, con breves espacios que rápidamente son parcheados.
4. Fijar la mente de cerca: ya no es posible perder el objeto, pero el hundimiento y la excitación aun son muy fuertes
5. Controlar la mente: el hundimiento y la excitación burdos son superados. Acontecen problemas especiales por culpa del hundimiento sutil y debido al excesivo esfuerzo por enfocar la mente hacia dentro
6. Pacificar la mente: uno tiene problemas especiales con la excitación sutil debido a los pasos que se han dado para cortar con el hundimiento sutil.
7. Pacificar la mente totalmente: salvo pocas excepciones, todo hundimiento y excitación son superados. Su rara aparición será contrarrestada con la aplicación del esfuerzo.

Durante estos últimos cinco estados, la mente está en el segundo de estos empeños: implicarse con interrupción, por culpa del hundimiento y la excitación.

8. Enfocar la mente unipuntualizadamente: un ligero esfuerzo inicial es suficiente para impedir el hundimiento y la excitación para el resto de la sesión de meditación

Durante este octavo estado, la mente se halla en el tercero de los cuatro empeños: implicarse sin interrupciones.

9. Mente en equilibrio: no se requiere esfuerzo alguno para iniciar y permanecer en meditación unipuntualizada profunda

En el noveno estado la mente está en el último de los cuatro empeños: implicarse sin esfuerzo. Estado también conocido como "quietud aproximada". Se convierte en quietud meditativa auténtica al obtener la verdadera flexibilidad física y mental. Esta presentación está basada en El *Regalo de la Liberación* de Pabongka Rimpoché, f.348a–358b, entrada B55, con material adicional de *Las Etapas Extensas* de Je Tsongkhapa, f.346b.

85. *El hecho de que nada tenga una naturaleza propia.* Se refiere al concepto budista de la vacuidad que es muy fácilmente malinterpretado. Ver la explicación de Pabongka Rimpoché en las *Enseñanzas Principales del Budismo,* de Je Tsongkhapa. Traducción inglesa, entrada B119, pp.109–133.

86. *Los tres senderos principales.* Estos tres constituyen una base esencial, sin la que el estudio de la Montaña de las Bendiciones sería incompleto. Se presentan totalmente en el comentario de Pabongka Rimpoché al trabajo de Je Tsongkhapa titulado los *Tres Senderos Principales*; ver B54 (Versión original en tibetano) y B119 (traducción al inglés).

87. *Oyentes, budas autorealizados y bodhisatvas.* Ver nota 15

88. *Tres incontables eones.* La palabra "incontable" aquí da a entender un número específico –1000,000,000,000,000,000,000 ,000,000,000,000,000,000,000,000,000,000– .La longitud de un "eón" se describe de diversas maneras en las escrituras budistas y está vinculada a ciclos en el espacio de vida de los seres; es suficiente con decir que abarca millones de años.

89. *Ocho grandes logros.* Estos son, obtener "la espada" que te permite volar a cualquier parte; "la píldora" que te permite volverte invisible o asumir cualquier forma externa; "la loción para el ojo" que te ayuda a ver cosas diminutas u objetos distantes;

"pies veloces", la capacidad de viajar a elevada velocidad; "Tomar la esencia" una capacidad para vivir de diminutos trozos de sustento; "Paseo en el espacio" la capacidad de volar; "desaparecer" o ser invisible; y "subsuelo" el poder de viajar a través del suelo sólido como un pez por el agua. El *Gran Diccionario* describe cada uno de estos por separado; ver bibliografía B49, p.2668,2705,2091,88,755,298,2073 y 2907, respectivamente. Una presentación extensa de estos logros se encuentra en (f.286b–287a) el autocomentario del Noble Atisha a la *Lámpara para el Sendero*. Entrada B73.

90. *Los trabajos del Noble*. En sus trabajos, Je Tsongkhapa aborda una presentación de los elevados votos. En entradas B81 y B89, respectivamente.

91. *Los votos secretos y del bodhisatva*. Un resumen de los votos más elevados se encuentran en muchos de los textos de recitación diaria, como *Práctica Seis Veces al Día'*, el libro de consejos mencionado antes, la *Cuerda de Joyas Brillantes*, es un trabajo conciso y exquisito de Gueshe Tsewang Samdrup del monasterio de Drepung, probablemente del siglo dieciocho (ver entrada B90).

92. *En siete vidas obtendrá el objetivo*. Je Tsongkhapa en la *Cosecha Dorada de las Realizaciones* ya usaba esta cita (ver p.471, entrada B89). Menciona su fuente como referencia el *Tesoro en los Puntos Difíciles Sobre las Enseñanzas Secretas del Cráneo,* del Maestro Saraha. Las citas se encuentran en f. 144b–145a, entrada B110.

93. *En el espacio de dieciséis vidas*. La cita es de una *Cuerda de Luz para los Tres Tipos de Votos*, un pequeño trabajo del Maestro Vibhuti Chandra encontrada en la colección Tengyur de antiguos comentarios indios (ver f.54b, entrada B45). A propósito, las líneas que preceden a éstas son:

> Si una persona también medita llegará a la Iluminación en esta misma vida

Je Tsongkhapa cita las líneas sobre las dieciséis vidas tanto en su *Cosecha Dorada* como en una epístola a un discípulo llamado Kashi Dzinpa, Sherab Pel Sangpo. El gran erudito de las enseñanzas secretas, Shaluwa Rinchen Lobsang Kyenrab (finales del siglo XIX), también habla de un máximo de dieciséis vidas. Ver p.471, entrada B89; p 548, entrada B78; y f.66b, entrada B103, respectivamente.

94. *El objetivo se alcanza.* La cita se encuentra en el folio 30b de este trabajo sobre las enseñanzas secretas del conjunto del Tengyur (entrada B46). Je Tsongkhapa vuelve a citar las líneas en p. 471 de su *Cosecha Dorada* (entrada B89) –y de nuevo las siguientes palabras se incluyen en el original:

> Gracias a la meditación y demás una persona obtiene el objetivo en esta misma vida

95. *Nacimiento, muerte o el estado entre ambos.* Las líneas de Su Santidad el Séptimo Dalai Lama se encuentran en una carta de consejo a un Rabjampa, Gedun Drakpa. Ver p.460, entrada Bll.

96. *Los "montones", las "categorías" y las "puertas de los sentidos".* Estas son las tres maneras clásicas de dividir las partes de que estamos compuestos tanto nosotros como el resto del mundo; una presentación de todos ellos se encuentra en el primer capítulo del *Tesoro de la Casa del Conocimiento*, de Vasubhandu. Ver entrada B71, 2a–4a, y en el comentario del primer Dalai Lama, entrada B20, f. lb–42a.

Los "montones" son cinco y se refieren a nuestra forma física, nuestras sensaciones, nuestra capacidad de discernir, las partes no incluidas en los otros cuatro montones, y nuestra consciencia. Son denominados "montones" porque cada uno de ellos consta de un gran número de elementos diferentes.

Las dieciocho "categorías" son nuestros cinco sentidos físicos y nuestro sentido mental, junto a sus correspondientes objetos y sus seis consciencias respectivas. (Por ejemplo, el poder sensorial del ojo, los objetos visuales y la consciencia de lo que vemos). Son llamados "categorías" por tratarse de "tipos" diferentes.

Los doce "puertas de los sentidos" son los seis sentidos y sus seis objetos. Son "puertas de los sentidos" porque proporcionan una entrada o una causa a través de la cual surgen los seis tipos de consciencia. Estas tres presentaciones diferentes encajan con los tipos diversos de estudiantes.

97. *Los tres cuerpos de un Buda Victorioso.* Los tres cuerpos o partes de un Buda son conocidos como el Cuerpo del Dharma, el Cuerpo de Deleite y el Cuerpo de Emanación. El Cuerpo del Dharma se refiere a la Omnisciencia del Buda, el estado en el que han cesado todas las cualidades impuras, y su vacuidad. El Cuerpo de Deleite es el cuerpo físico del Buda en su paraíso y el Cuerpo de Emanación es la forma que él proyecta a su planeta u otros para ayudar a los seres conscientes. Para una definición técnica de los tres, ver Kedrup Tenpa Dargye, entrada B37, capitulo I, f.47a; y VIII, f. 17a; y el mismo capítulo, f. 18b.

98. *Pero recuerda, el ladrón de los pensamientos errantes.* Estas líneas se encuentran en el famoso trabajo sobre las *Etapas a la Budeidad* titulado, *Palabra del Gentil.* Ver entrada B26, F.93a.

99. *El funcionamiento de los dos niveles de la realidad.* Los cinco grandes libros han sido descritos antes en la nota 24. Los "dos niveles de la realidad" se refieren a lo que, en general, denominamos "verdad engañosa" y "verdad última". Ambas son válidas y cualquier objeto incluye a las dos. La dependencia de los objetos (especialmente, en el sentido de que dependen de los nombres y conceptos que les imputamos) constituye la verdad convencional o engañosa. Su apariencia es "engañosa" porque a la mente de las personas ordinarias parecen ser diferente de lo que realmente son. La verdad "última" de los objetos es su carencia de no dependencia. Se ve directamente por vez primera en el importantísimo estado meditativo conocido como "el sendero de la visión". Ver esta verdad directamente actúa inmediatamente para cortar el proceso a través del cual sufrimos.

100. *Diez niveles y cinco senderos.* Aquí, los diez niveles se refieren a las diez etapas en las cuales un bodhisatva obtiene una capacidad excepcional para llevar a cabo las diversas perfecciones; empiezan en la primera percepción directa de la vacuidad.

Los cinco senderos representan estados progresivos que llevan hacia el objetivo del nirvana y la omnisciencia. El primero, se denomina "el sendero de acumulación" y empieza cuando un practicante desarrolla renuncia verdadera hacia el sufrimiento de la vida. Para una persona en el sendero mayor, a esto le acompaña la versión innata del deseo de obtener la Iluminación para beneficio de los demás. El segundo sendero se denomina "sendero de preparación" y está marcado por una comprensión intelectual de la vacuidad cada vez más refinada.

El tercer sendero es el "sendero de la visión" denominado así tras la importantísima percepción directa de la vacuidad. Durante las etapas subsiguientes de este sendero también se percibe directamente lo que se denominan las Cuatro Nobles Verdades, el sufrimiento, la causa del sufrimiento, el fin del sufrimiento y la manera de terminar con el sufrimiento.

El cuarto sendero es el "sendero de la habituarse" en el que uno se familiariza repetidamente con la realización del sendero previo para eliminar de manera permanente todas las aflicciones mentales y sus semillas. Este estado mismo es conocido como el "sendero de no más aprendizaje", el quinto sendero. Para un practicante del sendero menor esto sería el nirvana y para uno del sendero mayor representaría la Iluminación plena de un Buda.

El tema de los diez niveles y los cinco senderos se trata en detalle en un texto clásico conocido como *La Presentación de los Niveles y Senderos.* Ver, por ejemplo, la versión de Kedrup Je, entrada B16.

101. *Se añada aquí en esta conclusión.* En general el verso va unido a muchas oraciones y rituales para concluir algo de manera apropiada. En cuanto a su primera aparición, el verso no se encuentra en el comentario a la *Montaña,* de Tsechokling

Yeshe Gyeltsen (1713–1793) ni en el de Akya Yangchen Gaway Lodro, entradas B100 y B70, respectivamente. Aparece no obstante en las explicaciones del Segundo Jamyang Shepa, Konchok Jikme Wangpo (1728–1791) y Keutsang Lobsang Jamyang Monlam. Ver entradas B8 y B65.

102. *Por esta virtud, que todos los seres...* Estas son las líneas finales de los *Sesenta Versos del Razonamiento,* del Maestro Nagarjuna que se usan, hoy en día, como oración de dedicación después del buen acto de escuchar una enseñanza. El verso entero dice:

> Por esta virtud, que todos los seres reúnan las acumulaciones de mérito y sabiduría que alcancen los dos cuerpos últimos de un buda que el mérito y la sabiduría producen.

Ver f.22b, entrada B5 y su comentario por el Maestro Chandrakirti en f.30a, entrada B97.

103. *Las oraciones del príncipe bodhisatva.* Las líneas originales se encuentran en la tercera parte de una descripción en versos de la vida espiritual de Je Tsongkhapa titulado *Nobles Esperanzas.* Esta sección se denomina, "Dedicación de todo lo que He Hecho para que la Palabra Florezca en el Mundo" y el verso entero reza así:

> Las oraciones del príncipe bodhisatva que, según se dice, son tantas como gotas en el Ganges están incluidas en la oración para que el Dharma pueda ser preservado.
>
> Por ello tomo la esencia de la virtud creada por la bondad que he cometido y la dedico para que la enseñanza del Buda se esparza por todo el mundo
>
> Pienso en todo lo que he hecho. Mis esperanzas en la vida fueron nobles: Oh tú has sido amable conmigo, *Tesoro santo de la Casa del Conocimiento.*

Ver p.307, entrada B85. Aquí la "*Casa del Tesoro*" se refiere a Voz Gentil, tutor de Je Tsongkhapa.

104. *La incomparable palabra del Maestro.* Estas líneas se añaden a menudo a textos de oraciones y recitaciones. Ver por ejemplo la versión de las *Canciones de Mi Vida Espiritual,* de Je Tsongkhapa, en entrada B29, p.449. El verso lee:

> Que en mi vida haya podido encontrar la incomparable Palabra del Maestro es gracias a la amabilidad de mi Lama, por esto dedico la bondad que he acumulado para que sea causa de que cada ser consciente sea cuidado por un santo Lama.

105. *La ermita del Victorioso: El "Victorioso" aquí es Dromtom Je, fundador del monasterio de Reting, localizado en el norte de Lhasa.* Ver nota 16.

106. *Los Mil Ángeles.* los Mil Ángeles del Cielo del Gozo es un trabajo devocional y meditacional extremadamente importante centrado en Je Tsongkhapa. Las prácticas preliminares son un método para prepararse adecuadamente para una sesión de meditación; una versión típica sería la del Lama raíz de Pabongka Rimpoché, Jampel Hludrup. Ver entradas Billy B31, respectivamente.

107. *Milarepa y Kyungpo.* El gran Milarepa (1040–1123) es quizás el más afamado meditador y escritor de poesía espiritual del Tíbet. Al principio había practicado la magia negra para perjudicar a mucha gente. Posteriormente se arrepintió de seguir este sendero erróneo y se convirtió en uno de los mayores Maestros budistas de su tiempo. Pasó nueve años enteros dedicado a una intensa meditación para obtener el objetivo último. El sabio Kedrup Kyungpo Neljor (nacido en 978) en un principio era un practicante de la religión chamánica Bon, que prevalecía en el Tíbet antes de la llegada del budismo. Al no poder satisfacer sus objetivos, Kedrup Kyungpo viajó a Nepal e India donde, finalmente dominó las enseñanzas budistas. Fundó numerosos monasterios en Tíbet y empezó la escuela Shangpa de la tradición Kagyu: el Linaje de la Palabra. Para una breve biografía ver el *Gran Diccionario.* Entrada B49, pp. 2081 y 302.

108. *Los convirtiera en iluminados.* La fuente original de la cita no ha sido encontrada. Tuken Choky Nyima (1737–1802) fue la tercera encarnación del linaje Tuken. Sus estudios fueron influenciados por Lamas tan eminentes como el Séptimo Dalai Lama, el tercer Panchen Lama, el gran historiador y gramático Sumpa Kempo Yeshe Peljor, el filósofo Changkya Rolpe Dorje y Purchok Ngawang Jampa, conocido por sus escritos sobre historia y enseñanzas secretas. Quizás el más famoso de los lúcidos tratados de Tuken fue su "Estudio de las Escuelas de Filosofía".

109. *Aquellos con la fortuna de oírla.* La fuente original no se ha encontrado. Changkya Rolpe Dorje (1717–1786) fue la segunda encarnación de la Línea de los Changkya Lamas y se dice que, en realidad, había sido una encarnación anterior de Pabongka Rimpoché mismo. Fue Lama del Emperador de la China y vital en la publicación en mongol del canon budista.

110. *Justo lo que nuestro Noble Lama nos ha enseñado.* Estas líneas se encuentran en un trabajo breve que describe cómo meditar en la impermanencia de la vida (ver p.121, entrada B9). Gungtang Tenpe Dronme (1762–1823) pasó sus años de joven en el monasterio de Labrang Tashi Kyil en el este del Tíbet y estudió bajo la guía de eminentes Maestros en el gran Monasterio de Drepung en Lhasa. Tenía un talento extraordinario y recibió su título escolástico a la edad de veintidós. Sus trabajos reunidos abarcan un amplio espectro de temas, incluyendo las enseñanzas budistas públicas y secretas, artes elevadas, medicina, astrología y gramática.

111. *Uno de la Caña de Azúcar.* Un término usado para describir al Buda histórico, que nació entre un grupo de personas denominadas "Los de la Caña de Azúcar".

112. *El Regente real, el Salvador Invencible y Voz Gentil.* El Regente y el Salvador mencionados aquí se refieren al Amoroso, Maitreya, el Buda futuro que fue colocado como regente del Paraíso del Gozo por Buda Shakyamuni. El linaje de las actividades extensas motivadas por el deseo de obtener la Ilumina-

ción ha descendido desde el Noble Buda a través de él; el linaje de la visión profunda de la vacuidad ha llegado hasta nosotros a través de Voz Gentil, Manjushri.

113. *Procede de una corriente perfecta.* Estas líneas describen exactamente el mismo linaje al que Je Tsongkhapa hizo sus súplicas originales cuando escribió el texto, *Montaña de Bendiciones.* Los Maestros indios del siglo tercero, Nagarjuna y Aryadeva, son conocidos como el "Padre y el Hijo", Maestro y discípulo en la filosofía de la vacuidad. Maestro Asanga también es conocido como el "Hermano" puesto que tanto él como el ilustre Vasubhandu tenían la misma madre. Nagarjuna y Asanga son denominados "los renovadores" ya que clarificaron las escrituras sin apoyarse en un innovador previo y fueron profetizados como tales por el Buda mismo. Este tema se presenta de manera extensa en las presentaciones monásticas sobre la perfección de la sabiduría, como el *Análisis,* de Kedrup Tenpa Dargye en la Parte Primera del Capítulo Primero, f.6a, entrada B36.

114. *La amabilidad de un gran Dios.* El "Dios" aquí se refiere a Atisha, que con su discípulo principal Dromtom Je, fue el responsable principal de introducir en el Tíbet las enseñanzas sobre las *Etapas.* Ver también nota 19.

115. *Sesenta gloriosos tonos.* Se refiere a sesenta rasgos incomparables de la palabra del Buda. El más importante, tal y como señala Pabongka Rimpoché en su *Regalo de Liberación,* es la capacidad espontánea de hablar en un sólo idioma, el sánscrito, y ser entendido por cada discípulo en su propia lengua nativa. Ver f.209b, entrada B55.

116. *La madre de la luna.* Esta imagen tiene una multitud de significados, pero aquí se refiere al gran océano externo según la cosmología budista. En el Tíbet se creía que la base del océano era la fuente de las joyas preciosas. Ver el *Gran Diccionario,* entrada B49, p.2481.

117. *El Camino al Paraíso del Gozo.* Se refiere a la tradición de Je Tsongkhapa. "Las serpientes" mencionadas aquí se refiere a

los míticos nagas–, su hogar eran los cuerpos de agua y se creía que, mientras permanecían en ellas, el agua nunca se podría secar. Aquí los poderosos Lamas del Linaje son los nagas y es debido a ellos que el océano de las enseñanzas, como el presente libro, permanecerán.

118. *La casa de retiro conocida como Tashi Choeling*. Una ermita apreciada por Pabongka Rimpoché y localizada cerca de Lhasa denominada "La Roca de Pabongka". Esta fue la localización del Monasterio de Pabongka, y de niño el Rimpoché fue reconocido como la reencarnación del abad del monasterio.

119. *Hijo de Sholkang*. Sholkang fue un poderoso funcionario del gobierno que actuó como regente del Tíbet desde el 1907 y que falleció en 1926. Ver el *Gran Diccionario*, entrada B49, pp.3287–3289.

120. *120 Lobsang, el Rey de los Budas*. Significa Je Tsongkhapa, Lobsang Drakpa.

121. *El Encuentro de los ángeles*. Una celebración bisemanal del Ángel del Diamante. El monasterio de Den se localiza en Kham, al este del Tíbet. El Hlalu era una familia aristocrática muy conocida del antiguo Tíbet; sus bienes principales estaban localizados al noroeste de Lhasa, en la carretera que lleva al Monasterio de Drepung.

Equivalentes a nombres propios traducidos

TAL CÓMO SE HA explicado en la "Nota de la Traducción inglesa" del prefacio, algunos nombres propios con significado simbólico en los idiomas originales asiáticos han sido traducidos al inglés y posteriormente al castellano. Aquí hay una lista con dichos equivalentes, en castellano, fonética tibetana y su traducción (si la tiene) en sánscrito.

Antiguos: Nyingma
Ángel de Liberación: Drolma, Tara
Ángel con Rostro de León: Sengdonma, Simhamukhi
Ceremonia del Diez: Tsechu
Reina del Diamante: Dorje Neljorma, Vajrayoguini
Aterrador: Jikje, Bhairawa
Voz Gentil: Jampel Yang, Manjugosha o Manjushri
Cielo (Paraíso) del Gozo: Ganden, Tushita
Sustentante del Diamante: Chakna Dorje, Vajrapani
Guardián del Diamante: Dorje Chang, Vajradhara
Guardián de la Palabra: kadampa
Guardianes del Linaje: kagyu
Ojos Amorosos: Chenrezig, Avalokiteshvara
Amoroso: Jampa, Maitreya
El que Sustenta el Diamante: ver Sustentante del Diamante
Practica de las Seis: Tundruk
Mil Ángeles: Ganden Lagyema
Unión de las Esferas: Korlo Dempa, Chakrasamvara
Camino o Sendero Virtuoso: Guelugpa

Bibliografía

Nos gustaría agradecer la valiosa asistencia de Dr Artemus Engle en recopilar las notas y la bibliografía. La mayoría de los datos están extraídos de las listas de la Biblioteca del Congreso de los Estados Unidos. Las cuales son una fuente de recursos tremenda resultado de los esfuerzos abnegados de E. Gene Smith trabajando con el programa de textos extranjeros del SFCP de la Biblioteca.

Deseamos también agradecer al Dr C. T. Shen, fundador del Instituto de Estudios Avanzados de las Religiones del Mundo en Carmel, New York, por amablemente facilitar el uso de la excelente colección tibetana de la Biblioteca del Instituto Memorial Woo Ju. A Ven. Ngawang Thupten y Ven. Jampa Lungrik del Templo Mongol Rashi Gempil Ling que también ayudaron a investigar un número de textos. El trabajo principal de recopilar esta bibliografía fue llevada a cabo gracias a datos digitales proporcionados por el Assian Classics Input Project (Acip). Esta es un nuevo recurso que reduce enormemente el trabajo de búsqueda de textos. Nos gustaría expresar nuestra gratitud a la Universidad Monástica Tibetana de Sera Me y al Dr Robert Taylor por sus esfuerzos en facilitar esta base de datos a la comunidad escolástica internacional libre de gastos.

Algunos de los trabajos señalados a continuación incluyen la paginación tibetana, occidental indicados con "f ' (folio)" y "p" (página). Se usan las siguientes abreviaciones:

ACIP. Assian Classics Input Project CD–Room Materials. Washington DC y New York. Disponible en formato digital.

KGD. Kan gyur. Colección de escrituras budistas, edición Dcrge Rojo en 103 volúmenes, 1730. Reimpreso en Delhi bajo la dirección del 16 Gyalwang Karmapa: Delhi. Catálogo y partes disponibles en disquete en ACIP.

KGL. Kan gyur, conjunto de escrituras budistas. Edición de Lhasa en 101 volúmenes. Microfiche disponible en IASWR. Catálogo y algunas partes disponibles en disquete en ACIP.

SFCP. Se sabe que está disponible en copia dura en 18 bibliotecas americanas en textos del Special Foreign Currency Program, Tibetan Acquisitions Program. Washington D.C. Biblioteca del Congreso.

SHE. Mi rigs dpe mdzod khang. Si khron: Si khron mi rigs dpe skrun khang, vol I, vol II 1983 ACIP refs R0003, R 0010

STP. Computer Catalog of the Tibetan Collection of the St Petersburg Branch of the Institute of Oriental Studies of the Russian Academy of Sciences. En colaboración con Assian Classics Input Project 1994.

TGC. Ten Gyur. Colección de comentarios budistas. Edición Chone en 209 volúmenes. Microfiche también disponible en IASWR.

TGD. Ten Gyur. Colección de comentarios budistas. Edición Derge en 215 volúmenes, 1730. Reimpreso en Delhi bajo la dirección del 16 Gyalwang Karmapa 1985. También disponible en IASWR. Esta reimpresión contiene numerosos errores. El catálogo y algunas secciones están disponibles en disquete en ACIP Algunas secciones debidamente editadas son disponibles en la Universidad de Tokyo.

TOH. Ui, Prof Hakuju,A complete catalogue of the tibetan buddhist canon en 2 volúmenes. Sendai Japan: Universidad Imperial Tohoku, 1934 (para referencias nos. 1–4569).

Kanakura, Prof Yensho. Catalogue of the Tohoku University Collection of Tibetan Works on Buddhism. Sendai, Japan. El Seminario de Indoiogía, Tohoku University, 1953 (para referencias n. 50001–7083). ACIP, ref R0016

TSEN. Bod kyi bstan khag gi mtsan byang. Tso–sngon:m Tso–sngon mi rigsdpe. skrun khang. 1980.

A. Trabajos en tibetano y sánscrito

1 KIRTI LO ZANG PHRIN LA. byin labs pungs zhu kyi tsig grel nyung du zhug so. 4ff en vol 6 según SHE vol 1 p 24

B 2 Yon tan zhir gyur me grel pa nyung dus zhugs so. 7 ff en vol 6 según She vol 1 p 24

B 3 Kluhs Grub (Nagarjuna) Bu ma tza bai grel pa ga la jig me (Mulamadh– yamakavrtyakutobhaya) FF 29–99a en vol 1 de la sección buma de TGD, TOH, REF 3829, acip, td 3829, SFCP.

B 4 Bu ma tza ba tsig le ur bya pa shes rab ces by a ba (Prajnamamulamadh– yamakarika) ff la– 19a en vol 1 de la sección Buma de TGD, TOH ref 3824, ACIP, TD 3824, SFCP.

B 5 Ri g pa drug cu pai tsig le ur by as pazhes bya ba (Yuktisasthikakarikana– ma)ff 20b–22b vol 1 en la sección TGD. TOH ref 3825, ACIP, TD 3825, SFCP

B 6 She pai pring yig (Suhrlleka) ff 40b–46a, vol 94 en la sección Pring yig de TGC, TOH ref.4182, SFCP.

B 7 Klu gyal po nga grai tsig si cad pa (Nagarajabherigatha) ff 314a–320b en la sección Do mang del KGL, TOH ref, 325 SFCP

B 8 Kong chok Jigme Wangpo. Lam rim mar krid Jampal zhal lung gi ngon joor bai cho drug nyam su len tsul, pp 227–251 en vol 8 de los trabajos reunidos. Ngawang Gelk Denmo, 1971, SFCP

B 9 Konchok Ten pe Gronme. Mitakpa gom tsul gyi Islab bya tsig su bead pa zhugs so, pp.117–122 en volumen 4 de los trabajos reunidos. Ngawang Gelek Denmo, 1972.

27B 10 Kalzang Gragpe Gyatso, Je Blo gros gyat–mtso i zhal snga rías. Yon tan zhir gyur ma i khrid. Sems bskyed mchod pa Blo jong tsig gyad mai khrid dang bu ma i shad lung grub chen gyad cui rjes gnang sogs stzal skabs kyi so soi zhin bris thór bu phyogs bkod bzhugs so, 12 ff en vol 1 según SHE vol 1 p 325

B 11 (Gyal wang Lo sang) Kalzang Gyatso. Rab jam pa Ge dim grag pas la spring pa zhal dams pp 457–461 en la sección titulada Lo syong dand brel bai gdams pa dang snyan mgyur gyi rim pa phyog gcig tu bkod pa don– Idan tsangs pai sgra dbyang, pp 397–502 en vol 1 de trabajos reunidos Gangtok Dodrup Dangye 1975– 1983, TOH ref 5847, SFCP

B 12 Sems yid–gting ñas skyo–ba'i snang–glu, pp. 483–490 en la sección titulada Blo–sbyong dang 'brel–ba' i gdamspa dang snyan–mgur gyi rim–pa phyogs–gcig tu bkod–pa donldan tsangs–pa'i sgra–dbyangs, pp. 397–502 en vol. 1 de los trabajos reunidos. Gangtok: Dodrup Sangye, 1975–1983, TOH ref. 5847, SFCP.

B 13 (Phags–pa) Khyim bdag dPas–syin gyiszhus–pa zhesbyaba (Aryaviradat– tagrhapatipariprcchanamamahayanasutra), thegpa chenpo do ff. 339a–355a, vol. 5 (ca) en la sección de dKon–brtzegs de KG, etc... TOH ref. 72.

B 14 mKHAS–GRUB RJE (DGE–LEGS DPAL BZANG–PO). rJe–btzun Mama Tzong–kha–pa chen–po'i ngo–mtsar rmad–du byung–ba'irnam–parthar– padad–pa'i 'jug–ngogs zhes–bya–ha bzhugs so, pp. 5–146 en vol. 1 (ka)delos trabajos reunidos de (rGyal–barje) Tzong–kha–pa (chen–poBlo–bzang grags–pa). Nueva Delhi: el Lama Gurudeva de Mongolia, en nombre de Geshe Lobsang Tharchin, 1978, SFCP, TOH, ref. 5259.

B 15 rJerin–po–che'i gsang–ba'i rnam–thar rgya–mtso Ita–bu las cha–shas nyung–ngu zhig yongs–su brjod–pa'i gtam rin–po–che'i snye–ma bzhugs, pp. 169–200 en vol. 1 (ka) de los trabajos reunidos de (rGyal–barje) Tzong–kha–pa (chen–po Blo–bzang grags–pa). Ibid, SFCP, TOH ref.5261.

B 16 sa–lam gyi rnam.gzhag mkhas–pa'i yid–'phrog cesbya–ba, pp. 309–337 en vol. 9 (ta) de los trabajos reunidos. Delhi: el Lama Guru Deva en nombre de Geshe Lobsang Tharchin, 1980, TOH ref. 5495, SFCP.

B 17 (rGyal MKHAN–PO) GRAGS.PA RGYAL–MTSAN, ED. Yon–tan gzhir–gyur–ma i khird kyi zin–bris bzhugs so, 6 ff. en volumen 4 (nga) de los trabajos reunidos, según SHE, vol. I, p. 314. La persona que dio las enseñanzas esta identificada en el colofón del trabajo en STP ref. 02058 y 05645, solo como sKyabs.mgon rin–po–che.

B 18 (CO–NE BLA–MA) GRAGS–PA BSHAD–SGRUB. Chos–mngon mdzod kyi t'ikka rgyal–ba sras beas 'phags–tsogs thams–cad kyi dgongs–don gsal–bar byed–pai nyi–ma zhes–bya–ba bzhugs–so. Lhasa: Ser–smad grva–tsang edición esponsorizada por Thubten Norzang 1770, 211 ff ACIP ref S0027

B 19 (DGE–BA' I BSHES–GNYEN) GRO–LUNG PA (chen–po, blo–gros 'byung–gnas). bDe–bar gshegs–pa' i bstan–pa rin–po– che–la 'jug–pa'i lam gyi rim–pa mam–par bshad–pa bzhugs so (bs Tan–rim chen–mo). Grabado y esponsorizado por 'Phrin–las bstan–' byor, 548 ff., ACIP ref. S0070.

B 20 (RGYAL–BA) DGE–' DUN GRUB–PA. Dam–pa'i chos mngon–pa mdzod kyi mam–par bshad–pa thar–lam gsal–byed ces–bya–ba. Varanasi, India: W' a–na mtho–slob dge–Idan spyi las–khang, 1973, 391 pp. TOH ref.5525, SFCP, ACIP ref. S5525.

B 21 ('Phags–pa) rgya–cher rol–pa) (zhes–bya–ba theg–pa chen–po'i mdo) (Aryalalitavistaranamamahayanasutra), ff. lb–216b en vol. 2 (kha) de la sección de mDo–sde de KGD, TOH ref. 0095, ACIP ref. KD0095, SFCP.

B 22 ('BROM–STON RJE) RGYAL–BAT 'BYUNG–GNAS–'Brom chos kyi rgyal–pos mdzad–pa' i rang–rgyud la skul–ma 'debspa' i dad–pa' i Ijon–shing dang sbyor–ba'i chos, narrado en pp. 91 y 632 TSEN.

B 23 'Brom –ston–pa'i gsung–btus, pp.90–95 en Legs–par bshad–pa bKa' – gdams rin–po–che'i gsung gi gces–btus nor–bu'i bang–mdzod ces–bya–ba bzhugs so. Bir, India: D. Tzondu Senghe, 1985, reproducido en bloques de Lhasa, bZhi–sde, 593 pp, TOH ref. 6971.

B 24 'Brom–ston–pas Zhang–phrang kha–ber chung la springs–yig phyi–ma, pp. 105–109 en Legs–par bshad–pa bKa'–gdams rin–po–che'i gsung gi gces– btus nor–bu'i bang–mdzod ces–bya–ba bzhugs so, ibid.

B 25 RGYAL–TSAB RJE (DAR–MA RIN–CHEN). Tsad–ma rnam– 'grel gyi tsig–le' ur byas–pá i rnam–bshad thar–lam phyin–ci–ma–log–par gsal–bar byed– pa (rNam– 'grel thar–lam gsal–byed), pp.3–874 en vol. 6 (cha) de los trabajos reunidos. Nueva Delhi: publicado por el Lama Gurudeva de Mongolia en nombre de Geshe Lobsang Tharchin, 1982, TOH ref.5450, SFCP, ACIP ref. S5450.

B 26 (LNGA–PA CHEN–PO RGYAL–DBANG) NGAG–DBANG BLO– BZANG RGYA–MTSO. Byang–chub lam gyi rim–pa'i 'khrid–yig 'Jam–pa'i dbyangs kyi zhal–lung zhes–bya–ba bzhugs–so. Dharamsala, India: Monasterio Tibetano de Namgyal, 1989, en bloques de rMe–ru phun–tsogs gling, 95 ff. TOH ref.5637, SFCP.

B 27 NGAG–DBANG YE–SHES THUB–BSTAN RAB– ' BYAMS–PA. mDo–

sngags lam gyi lus yongs–rdzogs tsang la ma–nor–ba smon–lam gyi tsul du gdams–pa Byin–rlabs spungs–zhu–mar grags–pa'i rnam–bshad skal–bzang rna–ba'i bcud–len zhes–bya–ba bzhugs so, 24 ff. en volumen 2 (kha) de trabajos reunidos, según SHE, vol. I, p, 361.

B 28 (SLOB–DPON) CHOS–KYI GRAGS–PA (DHARMAKIRTI). Tsad– marnam– 'grel gyi tsig–le' urbyas–pa (Pramanavarttikakarika), ff. 94b–151 en vol. 1 (ce) de la sección de Tsad–ma de la TGD, TOH ref. 4210 ref. TD4210, S FCP.

B 29 Chos–spyod rab–gsal skal–bzang skye–bo'i mgul–rgyan. Mundgod, Sur de la India: 'Bras–spungs Blo–gsal gling dpe–mdzod khang, 1992, 676pp.

B 30 (MCHIMS) 'JAM–PA'I DBYANGS. Chos–mngon mdzo-dkyitsig–le'ur byas–pa' i' grel–pa mngon–pa' i rgyan zhes–bya–ba bzhugs so (mChims–mdzod). De bloques de Ngo–mtsar lhun–grub zil–gnon rje 'bum lha–khang, n. d., 430ff. TOH ref. 6954; STP refs. 05398, 05399, 05400; SFCP; TSEN.

B 31 (DVAGS–PO BLA–MA RIN–PO–CHE) TAM–DPAL LHUN–GRUB.

Byang–chub lam gyi rim–pa'i dmar–khrid myur–lam gyi sngon–'gro' i'don gyi rim–pa khyer–bde bklags–chog bskal–bzang mgrin–rgyan zhes–bya–ba bzhugs so. Kalimpong, India: Mani Printing Works, c. 1965, 25 ff.

B 32 (KUN–MKHYEN) 'JAM–DBYANGS BZHAD–PAT RDO–RJE. Rje– btzun Tzong–kha–pa chen–po'i rnam thar ras–bris kyi tsul brgya nga–gsum– pa tzinta–ma–ni' iphreng–ba thub–bstan rgyas–byedphan–bde'i rol–mtso chen– po, pp. 285–336 of vol.4 (nga) de trabajos reunidos. Nueva Delhi: Ngawang Gelek Demo, 1972, SFCP, ACIP ref. S0072.

B 33 ' JIGS–MED BSAM–GTAN. Yon–tan gzhir–gyur–ma i 'grel–pa tsig–don ku–mud bzhad–pa'i zla–'od, narrado en p.634 de TSEN. Se dice que un trabajo sobre el mismo nombre, según esta fuente, ha sido compuesto por zhang–ston, Tampa Gyatso Pal zangpo (ver entrada B 35) STP ref. 02804. También de el autor de un texto de nombre Pan Gyan Tan Pa Gyatso.

B 34 (SLOB–DPON) RTA–DBYANGS (ASVAGHOSA). Bla–ma lnga–bcu– pa (Gurupañacasika), ff. 9b–l Ib, vol.206 (tsu) en la sección de rGyud de la TGC. TOH ref. 3721, SFCP.

B 35 (ZHANG–STON) BSTAN–PA RGYA–MTSO DPAL BZANG–PO. Yon– tan gzhir–gyur–ma'i 'grel–pa tsig–don ku–mud bzhad–pa'i zla–'od, narrado en p.344 de TSEN. Un trabajo con el mismo nombre ha sido compuesto por Jig Me Sam Tan. (ver entrada B33). STP ref. 02804 también da como autor a Pan–rgyam bsTan–pa rgya–mtso, y los trabajos como 7ff. en vol.2 (kha) en sus trabajos reunidos.

B 36 (MKHAS–GRUB) BSTAN–PA DAR–GYAS (DPAL BZANG–PO). bsTan–bcos mngon–par rtogs–pa' i rgyan 'grel–pa dang bcas–pa' i mtha' –dpyod legs–parbshad–papad–madkar–po' i' phreng–ba zhes–bya–ba bzhugs–so (Phar– phyin mtha' –dpoyd). Nueva Delhi: imprimido esponsorizado por Geshe Lobsang Tharchin, 1981,767 pp, ACIP ref. S0001.

37 bsTan–bcos mngon–par rtog–pa'i rgyan rtza– 'grel gyi sspyi–don rnam– bshad snying–po rgyan gyi snang–ba zhes–bya–ba bzhugs–so (Phar–phyin spyi– don). Nueva Delhi: Imprimido esponsorizado por Gueshe Lobsang Tharchin, 1980, 604 pp, ACIP ref. S0009.

B 38 ('PHAGS–PA) THOGS–MED (ASANGA). rNal– 'byor spyod–pa'i sa las nyan–thos kyisa (Nyan–sa) (Yogacaiyabhu-mau–sravakabhumi), ff. la–201 a, vol.dzi (49) en la sección de Semtzam de la TGC. TOH ref.4036, SFCP.

B 39 (KHAL–KHA) DAM–TSIG RDO–RJE. Lam–rim bla–ma brgyud–pa'i gsol–'debs lam–mchog sgo–'byed, Byin–rlabs nye–brgyud kyi gsol–'debs dngos– grub snye–ma, Blo–sb-yong don–bdun–mai gsol–'debs tsogs–gnyis rab–rdzogs– ma, Phyag–chen gsol–'debs Ihun–grub sku–gsum–ma mams la so–sor kha– skong sbyar–ba dang, bDub tsar–gcod–pa'i sn-gags dang De–bzhin–gshegs–pa' i yig–brgya gsung–chos kyi mandai, La.–rim smon–lam bcas phyogs–gcig–tu bsgrigs–pa byin–rlabs chu–rgyun zhes–bya–ba bzhugs so, 16 ff. en vol. i (ka) de los trabajos reunidos, escrito como un texto zhal–'don por la dGa'–Idan bkra–shis tse–'phel gling gi lam–rim chos–grva, narrado en STP ref.04291.

B 40 (PHA) DAM–PA SANGS–RGYAS. rJe–btzun dam–pa sangs–rgyas kyi zhal–gdams ding–ri brgya–rtza–ma bzhugs–so. Imprimido en Ding–ri Glang–dkor bloques preservados en el Monasterio de Dra–mo en Khumbu, 1970, 12 ff. Cf. TOH ref. 7006, SFCP.

B 41 DON–GRUB RGYAL–MTSAN, AKA YE–SHES DON–GRUB BSTAN–PAT RGYAL–MTSAN, ED. Legs–par bshad–pa bKa' –gdams rin–po–che 'i gsung gi gces–btus nor–bu'i bang–mdzod ces–bya–ba bzhugs–so. Bir, India: D. Tzondu Senghe,

1985, reproducido en Lhasa en bloques bZhi–sde, 593 pp, TOH ref. 6971.

B 42 'Dul–ba mam– 'byed (Vinayavibhanga), vol. 5(ca, desde f. 21a) y vols. 6–8 en la sección de 'Dul–ba de la KGD. TOH ref. 0003, ACIPref. KD0003A– D.

B 43 'Dul–ba gzhi (Vinayavastu), vols. 1–4 (ka–nga) en la sección 'Dul–wa de KGL. Incluido en TOH ref. 0001, SFCP, ACIP ref kd 0001 a–d.

B 44 sDong–po brgyan–pa' i mdo (sDong–po bkod–pa) (Gandavyuha–sutra), vols. 5(ca, desde f–24a) y 6 (cha) en la sección de Phal–po–che de KGL. Incluido en TOH ref.44.

B 45 (SLOB–DPON) RNAM–GROL ZLA–B A (VIBHUTICANDRA). sDom gsum 'od–kyiphreng–ba shes–bya–ba (Trisamvara–prabhamalanama), ff. 54b– 56b en vol. 206 (tsu) en la sección de rGyud de TGC, TOH ref. 3727, SFCP.

B 46 (SLOB–DPON) PADMA 'BYUNG–GNAS. Dam–tsig Inga. pa {Samayapañca), ff. 28b–30b, vol. 137 (nya) en la sección de rGyud de la TGC. TOH ref. 1224, SFCP.

B 47 (SLOB–DPON) SPYAN–RAS–GZIGS BRTUL–SHUGS (AVALO– KITAVRATA). Shes–rab sgron–ma rgya–cher 'grel–pa (Prajnapradipatika), ff. la–287a en vol. 4 (wa) de la sección de dBu–ma de la TGD, TOH ref. 3859, ACIP ref. TD 3859, SFCP.

PHA DAM–PASANGS–RGYAS; ver (PHA) DAM–PA SANGS–RGYAS.

PHA–BONG–KHA–PA: ver (sKYABS–RJE PHA–BONG–KHA–PA RJE– BTZUN) B YAMS–PA BSTAN– 'DZIN 'PHRIN–LASRGYA–MTSO (DPAL BZANG–PO).

B 48 (BO–DONG PAN–CHEN) PHYOGS–LAS RNAM–RGYAL. Trabajos reunidos. Nueva Delhi: Casa del Tíbet, 1969, 137 volúmenes, SFCP.

B 49 Bod–rgya tsig–mdzod chen–mo, 3 vols. Beijing: Mi–rigs dpe–skrun khang, 1985.

B 50 (RJE–BTZUN) B YAMS–PA (MAITREYA). Theg–pa chen–po'i mdo– sde' i rgyan zhes–bya–ba' i tsig–le' ur byas–pa (Mahayana–sutralamkaranamaka– rika), ff. la–37a, vol. 44 (phi) en la sección de Sems–tzam de la TGC. TOH ref. 4020, SFCP.

B 51 dBus dang mtha' mam–par 'byed–pa'i tsig–le'ur byas–pa (Madhyanta– vibhangakarika), ff. 37b–42a, vol. 44 (phi) en la sección de Sems–tzam de la TGC. TOH ref.4021, SFCP.

B 52 Shes–rab kyi pha–rol tu phyin–pa' i man–ngag gi bstan–bcos mngon–par rtogs–pa'i rgyan zhes–bya–ba' i tsig–le'ur byas–pa (M n g o n r t o g s r g y a n) (A b h i s a ma y a a m k a r a n a m a– prajñaparamitopedesasastrakarika), ff. la–13a, vol 1. (ka) en la sección de Sems–phyin de la TGC. TOH ref. 3786, ACIP ref. TD3786.

B 53 (sKYABS–RJE PHA–BONG–KHA–PA RJE–BTZUN) BYAMS–PA BSTAN–'DZIN 'PHRIN–LAS RGYA–MTSO (DPAL BZANG–PO). Khyab– bdagrDo–rje–' chang Pha–bong–kha–pa dpal bzang–pos byang–chub lam gyi rim–pa' i snying–po bsdus–pa Yon–tan gzkir gyur–ma' i zab–khrid gnag skabs kyi brjed–byang mdor–bsdus–su bkod–pa blang–dor lta–ba' i mi g rnam–par 'byed– pa zhes–bya–ba bzhugs so. Lhasa: imprimido esponsorizado por Yangdzom Tsering, c. 1956, 27 ff. ACIP ref. S0069.

B 54 rDo–rje 'chang Pha–bong–kha–pa dpal bzang–pos Lam–gtzo'i zab–khrid stzal–skabs kyi gsung–bshadzin–bris Lam–bzang sgo–'byed ces–bya–ba bzhugs– so. Imprimido en Lhasa esponsorizado por la familia Lha–klu, 1930, 41 f. Comprende p 375–455 en vol. 8 (nya) de trabajos reunidos, Nueva Delhi: Chopel Legden bajo la guia de Kyabje Trijang Rimpoché, 1973, SFCP, ACIP ref. S0034.

B 55 rNam–grol lag–bcangs su stod–pa'i man–ngag zab–mo tsangla ma–nor– ba mtsungs–med Chos–kyi rgyal–pd i thugs–bcud byang–chub lam gyi rim–pa' i nyams–khrid kyi zin–briss gsung–rab kun gyi bcud–bsdus gdams–ngag bdud–rtzïi snying–po zhes–bya–ba bzhugs so (Lam–rim rnam–grol lag–bcangs). Bloques en el monasterio de Ganden, Mundgod, India: reimpresión india esponsorizada por sKyabs–rje Khri–byang rin–po–che Blo–bzang ye–shes bstan– 'dzin rgya–mt-so,c. 1974, 392 ff., SFCP, ACIP ref. S0004.

B 56 Byang–chub lam gyi rim–pa'i sngon– 'gro sbyor–ba'i chos–drug nyams–su len–tsul theg–mchog 'phrul gyi shing–rta, pp. 191–280 en Vol. 5(ca) de trabajos reunidos.

B 57 Byang–chub lam gyi rim–pa'i dmar–khrid 'Jam–dpal zhal–lung gi khrid– rgyun rgyas–pa dbus–brgyud lugs kyi sbyor–chos kyi ngag– 'don khrigs–chags su bkod–pa rgyal–ba'i lam–bzang, pp. 281–302 en vol. 5 (cha) de trabajos reunidos, ibid.

B 58 sByor–chos skal–bzang mgrin–rgyan gyi zab–khrid man–ngag bla–ma 'i zhal–lung dge legs char– 'bebs zhes–bya–ba, editado por Ke' u–tsang shar dge– slong dGe–legs rgya–mtso, 84 ff en Three records of the oral instruction de pha–bon–kha–pa bde–chen–sñin–po en Essential of the gelug pa approach to budhist practice. Nueva Delhi: Chopel Legden, 1977.

B 59 Bye–brag tu rtogs–par byed–pa chen–po (Mahavyut-patti), 2 vols. Tokyo: ed. Ryozaburo Sakuki, 1962. También en ff. la–131a, vol. 125 (co) en la sección de sNa–tsogs de la TGC. TOH ref. 4346, SFCP (TGD).

B 60 (RJE) BLO–GROSS RGYA–MTSO: ver entrada por (rGyal MKHAN– SPRUL) sKAL–BZANG GRAGS–PA RGYA–MTSO.

B 61 (PAN–CHEN) BLO–BZANG CHOS KYI RGYAL–MTSAN (DPAL BZANG–PO). (sNngon–chad kyi skyon mtsang 'byin–par byed cing, phyin– chad gnyen–po'i lus–zungs bskyed–pa'i bdud–rtzi,) pp. 550–557 en la sección Pan–chen thams–cad mkhyen–pa chen–po'i gsung thor–bu–ba phyogs–gcigs tu bs-debs–pa rnams bzhugs so, pp. 15–833 en vol. 5 (ca) de los trabajos reunidos. Nueva Delhi: Lama Gurudeva de Mongolia, 1973. TOH ref. 5977 (sección), SFCP.

B 62 Byang–chub lam gyi rim–pa' i dmar–khrid thams–cad mkyhen–par bgrod– pa'i bde–lam zhes–bya–ba bzhugs–so (bDe–lam). Edición de bloque de leña en papel tibetano en posesión de Geshe Lobsang Tharchin, 31 ff. TOH ref. 5944, SFCP, ACIP ref. S5944.

B 63 Tsul–khrims yang–dag–par srung–ba'i man–ngag ces–bya–ba bzhugs so, pp. 457–497 en vol. 4 (nga) de trabajos reunidos. Ibid, TOH ref. 5946, SFCP.

B 64 (THU'U–BKVAN) BLO–BZANG CHOS KYI NYI–MA, Thu'u–bkvan grub–mtha'. Kan–su'u mi–rigs dpe–skrun–khang, 1985, 485 pp.

B 65 (KE'U–TSANG) BLO–BZANG 'JAM–DBYANG SMON–LAM. Byang– chub lam gyi rim–pa'i sngon– 'gro sbyor–ba'i chos drug gi ngag– 'don chu– ' babs su bkod–pa, pp. 255–423 en vol. 1 de trabajos reunidos. Dharmasala: Librería de Trabajos y Archivos Tibetanos 1984, SFCP.

B 66 (PAN–CHEN) BLO–BZANG THUB–BSTAN CHOS–KYI NYI–MA.

gSol– 'debs byin–rlabs spungs–zhus su grags–pa'i don– grel mdzad–'phro, pp. 173–179 en vol. 2 (ga, due to vol ka not being printed) de trabajos reunidos. Nueva Delhi: Lha–mkhar yongs– 'dzin bs Tan–pa rgyal–mtsan, 1973, SFCP.

B 67 (RGYAL–DBANG) BLO–BZANG 'PHRIN–LAS RNAM–RGYAL. Jam– mgon chos kyi rgyal–po Tzong–kha–pa chen–po'i rnam–thar thub–bstan mdzes– pa'i rgyan–gcig ngo–mtsar nor–bu' ïphreng–ba zhes–bya–ba bzhugs so, con prefacio de Yongs– 'dzin Khri–byang rin–po–che mchog. Samath: Legs–bshad gter–mdzod khang, 1967, 636 pp.

B 68 (GU–SHRI BKA' –BCU–PA MER–GEN MKHAN–PO) BLO–BZANG TSE– 'PHEL. rGyal–ba'i gsung–rab rin–po–che dang lam–mchog sgo– 'byed gnyis sbyar te bshad–pa kun–mkhyen nye–lam zhes–bya–ba bzhugs so, 16 ff. en vol. 2 (kha) de trabajos reunidos, narrado en SHE vol. I, p. 240, TSEN p. 551.

B 69 rGyal–ba'i gsung–rab rin–po–che dang lam–mchog sgo– 'byed gnyis sbyar te bshad–pa rgyal–ba'i lam–bzang zhes–bya–ba bzhugs–so. 79 ff., imprimido esponsorizado por Mongol–cin tsogs–chen dGe–brkos Chos–rje ye– shes las–grub, colofón de dKon–mchog bstan–pa'i sgron me, narrado en STP ref. no.08105; también narrado en vol. I, p. 240, y TSEN, p. 551.

B 70 (AA–KYA YONGS– 'DZIN) SBYANGS–CAN DGA' –BA 1 BLO–GROS. Byang–chub lam–gyi rim–pa' i sngon– 'gro sbyor–ba' i chos drug skal–ldan 'jug– ngogs, pp. 47–77 en vol. 1 (ka) de trabajos reunidos. Nueva Delhi: Guru Deva Rimpoché, 1971.

B 71 (SLOB–DPON) DBYIG–GNYEN (VASUBANDHU). Chos mngon–pa'i mdzod kyi tsig–le'ur byas–pa bzhugs so (Abhidharma–kosakarika), ff. I b–25a en la sección Ngon–pa de la TGD. TOH. ref. 4089, ACIP ref. TD4089. 'BROM–STONRJE: ver ('BROM–STONRJE) RGYAL–BATBYUNG– GNAS.

B 72 (DPAL) MAR–ME MDZAD YE–SHES (DIPAMKARA SRIJ-NANA) (Atisha). Byang–chub lam gyi sgron–ma (Bodhipatha–pradipa), ff. 238–241, vol. 16 (khi) en la sección dBu–ma de la TGD. TOH ref. 3947 (también encontrado en 4465), ACIP ref. TD3947, SFCP.

B 73 Byang–chub lam gyi sgron–ma'i dka'–'grel (Bodhipa-thapradipapañjika), 3A–

ff. 241a–293a, vol. 16 (khi) en la sección dBu–ma de la TGD. TOH ref. 3948, ACIP ref. TD3948, SFCP.

B 74 (RJE KARMA–PA) MI–BSKYOD RDO–RJE. rJe Karma–paMi–bskyod rdo–rjes rGyal–ba Tzong–kha–pa chen–po la bstod–pa mdzad–pa, ff. 4b–5a en la sección titulada rJe thams–cad mkhyen–pa Shar Tzong–kha–pa Blo–bzang grags–pa'i dpal gyi ngang–tsul mdo–tzam brjod–pa dad–pa'i padma rgyas–par byed–pa'i bstod–tsig–nyi–ma zhes–bya–ba Sa–skya'i Pan–chen gTzang sTag– tsang lo–tz a–bas mdzad–pa sogs rje ' i bstod–tsogs kyi skor 'ga ' –zhig phyogs gcig tu bkod–pa bzhugs so, ff. 1 a–13a en rJe Pha bong kha pa y Intersectarian

Relations in Tíbet. Nueva Delhi: Ngawang Topgay, 1977, 163 ff., SFCP.

B 75 (SLOB–DPON) TZANDRA GO MI (CANDRAGOMIN). Slob–ma la springs–pa'i spring–yig (Sisyalekha), ff. 46a–53a, vol. 94 (nge), en la sección sPring–yig de la TGC. TOH refs. 4183, 4497, SFCP.

B 76 (RGYAL–BA RJE) TZONG–KHA–PA (CHEN–PO BLO–BZANG GRAGS–PA). mNyam–med Tzong–kha–pa chen–pos mdzad–pa'i byang–chub lam–rim che–ba (Lam–rim chen–mo), pp. 33–1077 en vol. 13 (pa) de los trabajos reunidos. Nueva Delhi: Lama Gurudeva de Mongolia, en nombre de Gueshe Lobsang Tharchin, 1978, SFCP, TOH ref. 5392, ACIP ref. S5392.

B 77 sTod–lungs–pa Yon–tan rgya–mtso la gdams–pa,p.613 en la sección rJe thams–cad mkhyen–pa Tzong–kha–pa chen–po' i bka'–'bum thor–bu (pp. 201– 743) de vol. 2 (kha)de los trabajos reunidos. Ibid, TOH ref 5275 (100).

B 78 sDom–brtzon sde–snod 'dzin–pa rGyal–ba'i ring–lugs–pa chen–po dKa' –bzhi 'dzin–pa Shes–rab dpal bzang– po'i gsung lan, pp. 544–550 en la sección rJe thams–cad mkhyen–pa Tzong–kha–pa chen–po'i bka'–'bum thor–bu (pp. 201–743) de vol. 2 (kha) de trabajos reunidos. Ibid, TOH ref 5275 (76B). Los autores de el catálogo Tohoku han perdido este trabajo, lo han combinado con entrada 5275 (77).

B 79 Byang–chub lam–gyi rim–pa'i brgyud–pa rnams la gsol–ba 'debs–pa'i rim–pa lam–mchog sgo– 'byed zhes–bya–ba lam–mchog sgo– 'byed), pp. 202– 206 en la sección rJe thams–cad mkhyen–pa Tzong–kha–pa chen–po'i bka'– 'bum thor–bu (pp. 201–743) de vol. 2(kha) de trabajos reunidos. Ibid, TOH ref 5275 (1), también 6995, y STP 00156. El texto de la Yon–tan gzhir–gyur–ma está dentro de este trabajo en pp. 203–205.

B 80 Byang–chub lam gyi rim–pa'i nyams–len gyi rnam–gzhag mdor–bsdus (Lam–rim bsdus don, rJe Bla–ma'i nyams–mgur), pp. 308–13 en la sección rJe thams–cad mkhyen–pa

Tzong–kha–pa chen–po'i bka'–'bum thor–bu (pp. 201–743) de vol. 2 (kha) délos trabajos reunidos. TOH ref. 5271.

B 81 Byang–chub sems–dpa'i tsul–khrims kyi rnam–bshad byang–chub gzhung–lam zhes–bya–ba, pp.513–728 en vol. 1 (ka) de los trabajos reunidos. TOH ref. 5271.

B 82 dBu–ma la 'jug–pa'i rgya–cher bshad–pa dgongs–pa rab–gsal zhes– bya–ba (dGongs–pa rab–gsal), pp. 3–535 en vol. 16 (ma) de los trabajos reunidos. Ibid, TOH ref. 5408, ACIP ref. S5408.

B 83 Yang–dag–pa! i dge–ba'i bshes–gnyen Tsa–kho–ba mkhan–chen Ngag– dbang grags pas, Shar rgyal–mo rong du sngon med–pa'i rab tu byung–ba'i sde khyad–par–can bt-zugs ñasphrin–yig springs byung–ba'i lan, pp.580–584 en la sección rJe thams–cad mkhyen–pa Tzong–kha–pa chen–po'i bka'–'bum thor–bu (pp. 201–743) de vol. 2 (kha) de trabajos reunidos. Ibid, TOH ref. 5275 (84).

B 84 Yon–tan gzhir–gyur–ma, ver entrada B79; también en TOH ref. 6995.

B 85 Rang–gi rtogs–pa brjod–pa mdo–tzam du bshad–pa (rTogs–brjod 'dun legs–ma), pp. 302–308 en la sección de rJe thams–cad mkhyen–pa Tzong–kha– pa chen–po'i bka'–'bum thor–bu (pp.201–743) de vol. 2 (kha) de trabajos reunidos. Ibid, TOH ref. 5275 (58).

B 86 Rang la bskul–ba'i tsigs–su bcad–pa 'khor–ba las skyo–ba'i gtam zhes– bya–ba, pp. 738–743 en la sección rJe thams–cad mkhyen–pa Tzong–kha–pa chen–po'i bka' –'bum thor–bu (pp.201–743) de vol. 2 (kha) de los trabajos reunidos. Ibid, TOH ref. 5275 (134).

B 87 Lam gyi gtzo–bo mam gsum, pp. 584–6 en la sección rJe thams–cad mkhyen–pa Tzong–kha–pa chen–po'i bka'–'bum thor–bu (pp. 201 –743) de vol. 2 (kha) de trabajos reunidos. Ibid, TOH ref. 5275 (85), ACIP ref. S5275 (85).

B 88 So–sor thar–pa i sdom–pa gtan la dbab–pa, 'Dul–ba rgya–mtso 'i snying– po bsdus–pa zhes–bya–ba, pp. 319–321 en la sección rJe thams–cad mkhyen–pa Tzong–ka–pa chen–po'i bka'–'bum thor–bu (pp.201–743) de vol. 2 (kha) de los trabajos reunidos. Ibid, TOH ref. 5275 (63).

B 89 gSang–sngags kyi tsul–khrims kyi rnam–bshad dngos–grub kyi snye–ma zhes–bya–ba, pp. 373–512 en vol. 1 (ka) de los trabajos reunidos. Ibid, TOH ref. 5270.

TSE–MCHOG–GLING YE–SHES RGYAL–MTS AN: ver entrada para YE– SHES RGYAL–MTSAN.

B 90 ('BRAS TRE–BO DGE–BSHES, 'BRAS–SPUNGS MTSAN–ZHABS) TSE–DBANG BSAM–GRUB. So–thar byang–sems gsang–sngags gsum gyi sdom–pa'i bslab–bya nor–bu i 'od–'phreng zhes–bya–ba bzhugs–so. Imprimido y esponsorozado por dGes–long Blo–bzang nyi–ma y dGe–bsnyen B lo–bzang phrin–las, n–d– (c I960?), 37 ff. SFCP, TSEN, copia también narrada en la biblioteca del monasterio tibetano Drepung blo–gsal gling, Mundgod, en el sur de la India.

138 T–undame.nfos cle–l Tantea

B 111 (RGYUD–CHEN)SANGS–RGYASRGYA–MTSG,COMP. dGe–ldan snyan–brgyud Icyi man–ngag las byung–ba'i bla–ma'i mal– 'byor dGa' –Idan lha–brgya–mar grags–pa bzhugs so (dGa –Idan lha–brgya–ma), pp. 11–14 en Chos–spyod zhal– 'don nyer–mkho phyogs–bsdebs bzhugs. Varanasi, India: W'a–na mtho–slob dge–ldan spyi–las–khang, 1979, 352pp.

B. Trabajos en Inglés.

B 112 Chandra, Lokesh. Diccionario Tibetano–Sánscrito. Reimpreso EN Kyoto: Libro Rinsen Co, 1982, 2560 pp.

B 113 Das, Sarat Chandra. Un diccionario Tibetano–Inglés. Reimpreso en Nueva Delhi: Motilal Banarsidass, 1970, 1353 pp. También disponible en microfiché en IASWR.

B 114 Edgerton, Franklin. Buddhist Hybrid Sanskrit Grammar y Diccionario, Volumen II: Diccionario. Reimpreso en Nueva Delhi: Motilal Banarsidass, 1972, 627 pp.

B 115 Monier–Williams, Sr. Monier. Un diccionario Sánscrito–Inglés. Reimpreso Nueva Delhi: Motilal Banarsidass, 1976, 1333 pp, también disponible en microfiché desde IASWR.

B 116 Pabongka Rimpoché. Liberations in Our Hands, tr. Khen Rimpoché Geshe Lobsang Tharchin con Artemus Engle. Howell: Mahayana Sutra y Tantra Press, Primera Parte (1988) y Segunda Parte (1994).

B 117 Roerich, George N., tr. The Blue Annals (de Gos lo–tsva–ba gZhon–nu dpal, 1392–1481). Reimpreso en Nueva Delhi: Motilal Banarsidass, 1979, 1275 pp.

B 118 Tharchin, Geshe Lobsang, y Artemus B. Engle, tr. Carta deNagar juna: DeNagarjuna "Letter to a friend» con un comentario por el Vble. Rendawa, Zhon–nu Lo–dro. Dharamsala, India. Biblioteca de Trabajos y Archivos Tibetanos 1979, 163 pp.

B 119 (Je) Tsongkapa. The Principal Teachings of Buddhism, tr. Khen Rimpoché Geshe Lobsang Tharchin con Michael Roach. Howell: Clasics of Middle Asia Series, Mahayana, Sutra y Tantra Press, 1988, 209 pp.

B 120 Vostrikov, A.I. Tibetan Historical Literature, tr. H.C. Gupta. Calcutta: Estudios Indios, Pasado y presente, 1970, 275 pp., ACIP.

B 121 Whitney, William Dwight. Las raíces, Formas verbales, y Derivados Primarios del Lenguaje Sánscrito. Reimpreso en New Have: Sociedad Americana Oriental, 1945, 250 pp., ACIP ref. R0013.

www.ingramcontent.com/pod-product-compliance
Ingram Content Group UK Ltd.
Pitfield, Milton Keynes, MK11 3LW, UK
UKHW021659190726
13853UKWH00001B/367